U0932592

信用卡销售
实战手册

银联数据服务有限公司 编

上海交通大學出版社
SHANGHAI JIAO TONG UNIVERSITY PRESS

内容提要

本书从实际销售案例、话术技巧的角度讲述如何进行信用卡销售，结合编者多年信用卡销售行业经验，通过案例解读销售技巧的种种“玄机”，并提供行动建议供销售人员进行自我及团队演练。本书不仅包括各个场景下的开场白介绍、需求发掘和激发、拒绝处理、促成成交、客户维护等一套系统的全流程销售方法，还结合新手入门的成长之路，给予知识储备、销售心态、自我提升、工作方法的指导。

本书适合信用卡销售人员阅读与参考。

图书在版编目(CIP)数据

信用卡销售实战手册/银联数据服务有限公司编. —上海:上海交通大学出版社,2018
ISBN 978-7-313-18589-1

Ⅰ.①信… Ⅱ.①银… Ⅲ.①信用卡—销售—基本知识
Ⅳ.①F830.46

中国版本图书馆CIP数据核字(2017)第312540号

信用卡销售实战手册

编　　者:银联数据服务有限公司
出版发行:上海交通大学出版社　　地　　址:上海市番禺路951号
邮政编码:200030　　电　　话:021-64071208
出 版 人:谈　毅
印　　制:上海锦佳印刷有限公司　　经　　销:全国新华书店
开　　本:890mm×1240mm　1/32　　印　　张:6
字　　数:124千字
版　　次:2018年2月第1版　　印　　次:2018年7月第3次印刷
书　　号:ISBN 978-7-313-18589-1/F
定　　价:58.00元

参编人员

安　琨　黄睿妮　赵　冉

前言

有个有趣的现象，世界500强的CEO当中最多的是销售出身，为什么会出现这样一个现象呢？因为销售是一门跟人打交道的学问，而管理其实也是跟人打交道的学问，这两者之中有共通的东西。如今，销售已经成为社会上最为普遍的职业之一，它是一项极其考验人的职业，越来越多的人通过这一职业来谋生或是实现自己的人生价值。

每一个销售新手都希望成长为销售精英，都希望掌握一手销售技巧或是销售门道，但是大部分情况却是如"二八原则"一样，80%的销售业绩是由20%的销售人员创造的。同样都是在做销售，差别却很大。

毋庸置疑，销售是一门艺术，销售人员取得的业绩，很大程度上取决于与客户沟通交际的能力。市场上关于销售的书层出不穷，然而对于某一行业针对性的指导却少之又少，在日常的销售咨询工作中，我们常听到银行信用卡中心的管理人员和一线销售人员有一些困惑。

——"该如何对信用卡销售新手进行技巧方面的培训？"

——"初建团队还有很多地方需要完善管理，对销售人员的实操性培训，既缺经验也缺精力。"

——“虽然我以前做过其他行业的销售，但是信用卡销售是完全不一样的领域，面对客户不知从何处入手。”

——“要是有一些案例话术类的技巧来指导我就好了，这样我就可以轻松开口、从容不迫。”

……

通过现场的通关演练培训，确实可以帮助银行解决一些燃眉之急，然而受覆盖面的影响，受众有限，如何才能让广大信用卡一线销售人员切实受益，是本书编撰的初衷。本书从实际销售案例、话术技巧的角度讲述如何进行信用卡销售，结合多年信用卡销售行业经验，通过案例解读销售技巧的种种“玄机”，并提供行动建议供读者进行自我及团队演练。本书不仅包括各个场景下的开场白介绍、需求发掘和激发、拒绝处理、促成成交、客户维护等一套系统的全流程销售方法，还结合新手入门的成长之路，给予知识储备、销售心态、自我提升、工作方法的指导。相信可以成为你销售之路上的引路人与陪伴者，在轻松阅读的氛围中掌握信用卡销售技巧，帮助你从销售新手成为销售老手，销售老手变身销售高手。

将本书献给在信用卡销售一线奋斗的人们，希望本书能助你一臂之力！

销售准备篇

销售后续篇

销售准备篇

第一章

信用卡基础知识

你是不是为刚迈入信用卡销售行业激动不已？是不是为自己还完全不熟悉这个行业而内心忐忑？是不是担心自己还没有足够的专业知识储备万一在客户面前出丑怎么办？没关系，今天就带领大家走进信用卡的世界。工欲善其事，必先利其器，对于销售人员来说，了解信用卡相关基础知识是开展销售的前提，在面对客户的时候才能展现自身专业性，自信地应对客户所问和所需，实现针对性营销。

信用卡基础概念

1950年,弗兰克·麦克纳马拉在纽约一家饭店招待客人用餐,吃完后发现他的钱包忘记带在身边,场面非常尴尬。他不得不打电话叫妻子带现金来饭店结账,此后麦克纳马拉产生了创建信用卡公司的想法,这是信用卡的起点。

如果你是一只"单身狗",外出用餐时碰巧兜里没钱,没有老婆给你送现金咋办?

如果你是个"月光族",银行卡上没钱,可是想买台iPhone送心上人讨她欢喜咋办?

如果你是个职场新人,想买台高配电脑提高工作效率,可是工资还没发下来咋办?

如果不用信用卡,就只能向父母伸手,当一个羞愧的"啃老族"。可是如果我们用信用卡刷卡消费,可以解决忘带现金的尴尬,用信用卡分期买手机或电脑,是不是瞬间独立感满满。

有人不理解办信用卡的人,花掉的钱总要还的,不喜欢这种欠钱的感觉,想买东西为什么不等到有了现金再买呢?然而现实却告诉我们,信用卡在短短的几十年里成为最受欢迎的支付方式。那么今天我们就来聊聊信用卡,为什么它如此受人追捧以及销售人员在入行之时需要透彻了解的信用卡知识。

什么是信用卡?

信用卡又叫贷记卡,是一种非现金交易付款方式,是简单的信贷服务。它由银行依照用户信用度和财力发给持卡人,持卡人持信用卡消费时无须支付现金,待账单日后再还款。简单来说,信用卡是客户不提供任何担保品即可拥有金融机构所授予的信用,具有一定的信用额度可透支,先消费后还款。所以日常出门不用带大量现金了,"妈妈再也不用担心我掉钱包了"。

信用卡基本功能

支付结算功能:从信用卡的定义可知这是信用卡最基本的功能,可以代替现金进行消费,持卡人通过使用信用卡、卡号,或通过信用卡绑定第三方支付平台可以在发卡银行允许的额度内进行用款,方便持卡人的购物消费活动。

预借现金功能:如果某些场合只能接受现金消费,或者手头急需现金,信用卡可以满足吗?答案是肯定的,信用卡的预借现金功能此时可以派上用场,包括现金提取、现金转账和现金充值。持卡人使用信用卡通过柜面或 ATM 等自助终端提取现金,取现额度包含在信用额度之内。持卡人也可以将信用卡预借现金额度内的资金划转到本人银行结算账户，或者是本人在非银行支付机构开立的支付账户。

预授权： 此功能就是在卡里冻结一部分资金，充当服务押金，等服务完成后，再结束预授权，钱就自动释放出来了，也就是钱没有真的被划走，只是占用了信用额度。假如你要出差一周，酒店每晚 300 元，押金可能要收每晚 400 元，没有信用卡的话，就要用现金或者借记卡支付 2 800 元押金给酒店，是不是既不方便，也不划算。

分期付款功能： 之前我们说到可以分期买电脑、买手机了，每月还款没压力，是不是很激动！这就得益于信用卡的分期付款功能了，持卡人使用信用卡进行大额消费时，由发卡银行向商户一次性支付持卡人所购商品（或服务）的消费资金，并根据持卡人申请，将消费资金分期通过持卡人信用卡账户扣收，持卡人只要按照每月入账金额进行偿还。

循环授信功能： 有小伙伴问："账单出来后，作为月光族的我还不起账单金额怎么办？早知道就不疯狂刷刷刷了，有什么办法让我能解决燃眉之急，并且不影响我的个人信用？"

当然有，当你无力偿还账单总额或者不想全额还款时，可以选择偿还最低还款额。也就是说如果偿还的金额大于等于账单中的最低还款额，但小于欠款总额时，就在使用循环信用，剩余的未还金额就是循环信用余额，使用循环信用时，需按日计息，且当期不能享受免息还款期。

信用卡基本概念

有信用卡的小伙伴都收到过银行的账单，如图 1－1 所示。

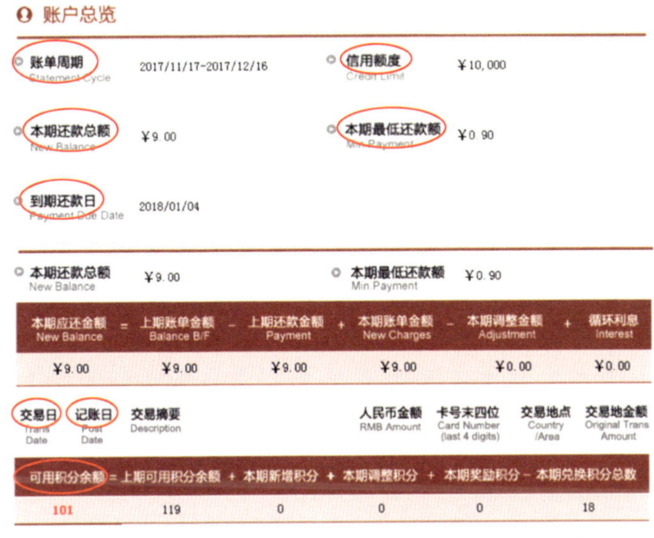

账户总览

账单周期 Statement Cycle	2017/11/17-2017/12/16	信用额度 Credit Limit	¥10,000
本期还款总额 New Balance	¥9.00	本期最低还款额 Min Payment	¥0.90
到期还款日 Payment Due Date	2018/01/04		

本期还款总额 New Balance	¥9.00	本期最低还款额 Min Payment	¥0.90

本期应还金额 New Balance	=	上期账单金额 Balance B/F	-	上期还款金额 Payment	+	本期账单金额 New Charges	-	本期调整金额 Adjustment	+	循环利息 Interest
¥9.00		¥9.00		¥9.00		¥9.00		¥0.00		¥0.00

交易日 Trans Date	记账日 Post Date	交易摘要 Description	人民币金额 RMB Amount	卡号末四位 Card Number (last 4 digits)	交易地点 Country /Area	交易地金额 Original Trans Amount

可用积分余额	=	上期可用积分余额	+	本期新增积分	+	本期调整积分	+	本期奖励积分	-	本期兑换积分总数
101		119		0		0		0		18

▲图 1－1 信用卡账单

但是估计很多人收到账单时，只会看还款日、还款金额，最多再看看消费明细，作为持卡人来说差不多够了，可作为销售人员，熟知信用卡基本概念可是看家本领，客户咨询的时候可千万不能“掉链子”。信用卡的基本概念一般包含三类：持卡人、日期类和数字类。

持卡人概念

主卡持卡人：是向银行提出申请信用卡的人，为契约立约人、主要债权债务关系人。通常情况下，每一类型的主卡一人只能申请一张，同一人拥有同一家银行的多张信用卡时，共享信用额度。如果身边有朋友在一家银行同时办了三张信用卡，喜滋滋地向你炫耀有了三个叠加额度时，你可以泼冷水"并不是这样"。

附属卡持卡人：顾名思义是依附主契约而存在的债权债务关系人，与主卡有共同保证义务。附属卡申请条件以银行具体要求为准，附属卡额度与主卡共享。

日期类概念

日期类的有交易日、入账日、账单日、还款日……这些日期虽然听起来五花八门，但其实记住其中关联，就很好理解了。

交易日和入账日：很多人将两者画等号，其实并不然，交易日是每笔信用卡交易的实际发生日期；入账日是发卡系统记录每笔信用卡交易的日期，一般大部分银行入账日为 T+1。

账单日：是账单的结算日，是发卡银行每月定期对客户的信用卡账户当期发生的各项交易、费用等进行汇总结算的日子，提醒客户该还款了。

到期还款日：也称为最后还款日，是发卡银行与持卡人约定持卡人到期还款的日期，无形之中带来一种还款压力。

免息还款期：从银行入账日起至到期还款日之间的日期。如果持卡人在到期还款日前全额还款，消费享受免息期待遇，一般为25～56天。

数字类概念

数字类的信息都是和金额相关，持卡人也较为关心，年费、信用额度、可用额度、取现额度、到期应还款、最低还款额、利息、违约金等。我们在这里帮助大家梳理一下：从年费开始，到还款金额，然后是利息、违约金、溢缴款，最后是积分。

年费：发卡银行每年从信用卡中扣除一定数额的费用，如今信用卡市场竞争愈加激烈，很多银行会对某些卡产品实行免年费政策或者满足一定刷卡条件后享受免年费，来吸引客户，销售人员也可以此作为卖点向客户介绍。

信用额度：额度是客户申请信用卡时普遍比较关心的一个问题，它是发卡银行根据持卡人的资信情况，给予持卡人可透支的最高限额。

可用额度：是持卡人目前可使用的透支金额，即信用额度与目前已用额度的差。

取现额度：即持卡人可在取款额度内预借现金，这也是之前所提到过的信用卡的预借现金功能。

账单金额：每月账单出来后，这是持卡人一般最关心的地方，也被称为当期还款金额，它是一个账单周期内所产生的累计未还消费交易本金、取现交易本金、费用、结计利息等的总和。

最低还款额：除了应还总额，账单上还会提示本期最低还款额，也就是使用循环信用时最低需要偿还的金额，2017年1月1日开始，持卡人透支消费享受最低还款额待遇的条件和标准，由发卡机构自主确定。

利息：如果持卡人在到期还款日前全额还款，消费享受免息期，反之就要从自该笔账款入账日起开始按日计算利息了。透支利率从2017年1月1日起实行上限和下限管理，上限为日利率万分之五，下限为日利率万分之五的0.7倍，透支的计结息方式和利率标准由银行自主决定。

违约金：前面提到过当持卡人无法全额偿还当期账单金额或者不想全额还款时，可以选择偿还最低还款额，在支付循环利息的前提下使用循环信用。否则不但最低还款额未还部分需支付违约金，还会影响个人信用，一旦出现信用污点，会导致很多活动都举步维艰，银行贷款、求职招聘、飞机出行等都会受限。

溢缴款：如果客户问："还款的时候，手抖，不小心多打了一个0怎么办？"这种在还款时存款金额超过了应还款额而多出的部分，或者如果客户在没有任何交易支出的时候就存款，都属于溢缴款，溢缴款是否计息和利率标准由发卡机构自主确定。

积分：有些客户常常忽略账单上的积分，可别小看它，积分的用处大着呢！可以用来兑年费、礼品、现金券、航空里程等,权益可谓诱人,白捡便宜的心情你懂的。银行一般根据消费金额计算积分,计算规则各有不同。

信用卡组织

有个小伙伴出国旅游之前跟我说:"刚办了一张 VISA 卡,出国消费毫无顾忌了。"我建议他再去多办一张银联卡。他奇怪道:"为什么呢?"我说:"虽然 VISA 为外卡组织,适合出国的时候派上用场,但是它覆盖的范围毕竟有限,而银联已经遍布全球 160 多个国家和地区了,覆盖范围非常广泛,而且银联的国外优惠活动众多,让持卡人潇洒走出国门享受便利和实惠,在无法刷 VISA 卡的时候可以走银联通道,有备无患嘛。"

"啥叫走银联通道?"

"来,你听我跟你解释解释……"

经常有小伙伴问:我应该办一张银联卡还是 VISA 卡还是 MasterCard 呢?这几个有什么区别?这里就需要了解一下卡组织了。

什么是卡组织?

卡组织又称清算机构,它可以通过跨行交易清算系统,实现银行系统间的互联互通和资源共享，保证银行卡跨行、跨地区和跨境的使用。简单来说，卡组织就是在银行卡跨行交易时，负责对多个银行或特许从事金融业务机构（非金融支付机构）之间的往来资金进行清算，并协助完成资金划拨的机构。

卡组织的作用

卡组织业务往来对象是银行或是支付企业，它主要做两件事：清算交易资金和协助资金从收单行向发卡行转移。

我们来看看图1-2，当你在商家完成一笔信用卡交易后短短几秒钟发生了什么？各家金融机构都在扮演什么角色？

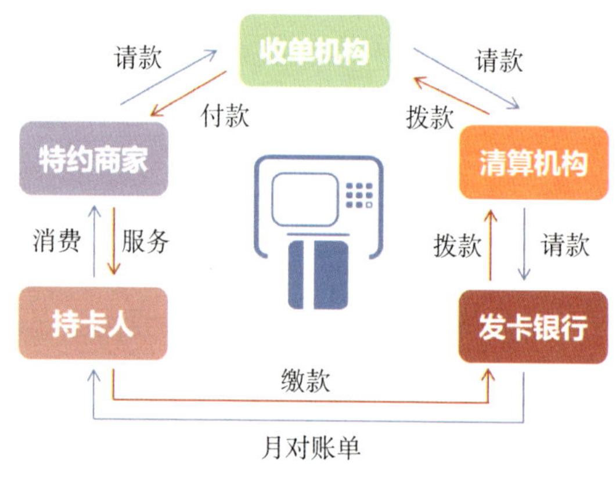

▲图1-2　信用卡交易流程图

收单机构：与商户签有协议，提供金融服务的银行或机构，直接或间接凭交易单据（包括电子单据或纸质单据）参加交换的清算会员单位，实现交易垫款。

清算机构：卡组织。

发卡银行：向持卡人发行信用卡的银行。

其流程为：持卡人消费→商户向收单机构请款→收单机构向卡组织请款→卡组织向发卡行请款→发卡行通过卡组织向收单机构付款→收单机构向商户付款→发卡行提示持卡人还款→持卡人向发卡行还款。

可以看到，发卡行和收单机构之间通过卡组织中介一样的角色实现互联互通。当然，各级金融机构在业务流转过程中，涉及大量的验证过程，例如发卡行如果验证发现持卡卡片状态异常、额度超限等情况，这笔交易就会失败。

国际六大卡组织

目前国际上常见的卡组织有中国银联、VISA、MasterCard、JCB、美国运通、大莱卡等，下面我们一一介绍。

中国银联

这是我们日常接触最多的卡组织，成立于2002年，是经中国人民银行批准，由

80 多家国内金融机构共同发起设立的股份制金融服务机构。作为中国的银行卡联合组织，处于我国银行卡产业的核心和枢纽地位，对我国银行卡产业发展发挥着基础性作用。银联网络至今已遍布全球 160 多个国家和地区，目前还在持续地拓展它的板块，它的快速发展使得我国成为全球银行卡业务增长最快、潜力最大的国家之一。卡号是“62”字开头的属于银联标准卡。

VISA

全球支付技术公司，全球市场占有率最高的信用卡，运营着全球最大的零售电子支付网络，连接着全世界 200 多个国家和地区的消费者、企业、金融机构和政府，帮助人们更方便地使用数字货币，代替现金或支票。“4”字开头的 BIN 号属于 VISA 卡组织。

MasterCard

全球第二大信用卡国际组织。1966 年美国加州的一些银行成立了银行卡协会，并于 1970 年启用 Master Charge 的名称及标志，统一了各会员银行发行的信用卡名称和设计，1978 年更名为 MasterCard，1988 年进入中国。“5”字开头的 BIN 号大部分属于万事达。

美国运通

运通公司成立于1850年,美国运通公司是国际上最大的旅游服务及综合性财务、金融投资及信息处理的环球公司,最初的业务是提供快递服务。1891年率先推出旅行支票,主要面向经常旅行的高端客户,运通服务于高端客户的历史长达百年,积累了丰富的服务经验和庞大的优质客户群体。1958年发行第一张运通卡,构建了全球最大的自成体系的特约商户网络。"3"开头且卡号15位的属于美国运通。

JCB

1961年,JCB作为日本第一家专门的信用卡公司宣告成立,其业务范围遍及世界各地100多个国家和地区。JCB的国际战略主要瞄准了工作、生活在国外的日本实业家和女性。"3"开头且卡号16位的属于JCB组织。

大莱卡

大莱卡于1950年由创业者麦克纳马拉在纽约创办,最终大莱卡发展成为一个国际通用的信用卡。

"3"开头且卡号14位的属大莱卡组织。

了解了以上这些，文中开头小伙伴的问题就迎刃而解了，当你去国外消费，恰好这个地区没有被VISA通道覆盖，那么VISA卡就无法完成交易，此时如果有一张银联卡在手，就可以避免无法刷卡的尴尬了。

信用卡分类

笔者最初接触信用卡的时候，遇到销售人员向我推销信用卡，真是按捺不住一颗爱美又虚荣之心："哇，这张卡好漂亮，闪闪的卡拿出去多么高端大气上档次啊！"

销售人员微笑安慰说："对啊，很适合你，这是白金卡，但你可以以后再申请，你刚参加工作，又是白户，建议先申请一张普卡，白金卡不一定能办下来。"

"噢……"我只能尴尬又黯然地放弃申请白金卡，心想信用卡都要分个三六九等吗。现在当我已沉迷信用卡世界之后，只能说："是啊，信用卡家族就是有这么些任性的等级之分呢，兄弟姐妹众多，而且还时不时联个姻。"

有点扯远了，我们回归正题，信用卡有哪些种类呢？销售人员熟悉信用卡分类对自身工作开展有什么帮助呢？信用卡种类繁多，掌握各类卡产品的特点和功能，可以帮助销售人员根据不同类型卡产品细分目标客群，进行针对性营销，而不是给 A 人群推荐 B 卡。

目前主要的几种信用卡分类方式如下。

按照信用等级分类

按照等级由低到高一般分为：

普卡是发卡机构发行的最低级别的信用卡，普通工薪阶层首次办理信用卡基本上以普卡为主。

金卡比普卡高一个级别，与普卡的主要差别在于申请资格以及信用额度的高低。

白金卡是发卡机构区别于金卡客户推出的信用卡，并提供比金卡更为高端的服务和权益，且办理白金卡的门槛较高。

钻石卡则是银行为了锁定顶端客户，推出的最高级别信用卡，通常享有比白金卡更为尊崇的服务和权益，申请条件也最为严格。

按照营销手段分类

联名卡是商户与发卡银行联合发行信用卡，银行与联盟商户达成协议，以商户主题为卡面特征，持卡人不仅可以享受信用卡本身带来的金融服务，同时还能享受联盟商户会员制带来的专属优惠权益，如积分、打折、抵现等服务。

主题卡是依托某种文化元素进行宣传的卡，卡面设计新颖，风格与主题突出，如招行 Hello Kitty 卡、英雄联盟卡，以这些文化元素吸引某些群体办卡。其实际功能与一般标准卡别无二致。

分期卡一般是指专门用来做现金分期或大额分期的信用卡，以分期为主打，具备自动分期功能，可以满足目标客户日常消费的现金支出需求。

按照发行对象分类

个人卡是以个人名义申领的信用卡，由个人承担一切相关责任。个人卡的发行对象为城乡居民个人，包括工人、干部、教师、科技工作者、个体经营户以及其他成年的、有稳定收入来源的城乡居民。其中个人公务卡有别于一般普通信用卡，它是仅限财政预算单位工作人员持有的，主要用于日常公务支出和财务报销业务的贷记卡，具有普通信用卡的授信消费等共同属性和财政财务管理的独特属性。

单位卡指以公司名义发行，如向各类工商企业、科研教育等事业单位、国家党政机关、团体等法人组织发行的，持卡人以单位卡付款，由单位还款给银行。单位卡是发卡机构发行的以商务服务为核心的信用卡，专门针对公司所需推出的专业特色服务。

看到这里，我们的销售人员是不是觉得信用卡产品既丰富又有魅力，那就需要大家掌握好产品知识、熟悉特色卖点，向客户进行指导性营销来解决他们的选择恐惧症了。

行动练习

1. 熟悉本行卡产品，说出本行各等级信用卡分别有哪些。

2. 试着向你的父母、舍友介绍一张信用卡账单中包含的信息。

第二章
卡产品和市场活动介绍

如果我们想把东西卖给某人，就应该尽自己所能去搜集有利于我们销售的所有情报。

——乔·吉拉德

所谓知己知彼，才能百战百胜。在营销推广中，销售人员都需要进行卡产品展示说明，除了知晓本行卡产品的分类与卡种，清楚其特点和市场活动外，还需要了解市场上其他卡产品信息，这样才能更好地挖掘本行产品的卖点，增强自身营销推广的信服力。

产品介绍

客户 A:“现在正是阳光明媚的出游好时节,你们银行的信用卡有没有什么营销活动供我参考呀?”

客户 B:“我经常要坐飞机出差,有没有能让我享受机场贵宾厅权益的信用卡,这样出差间隙就可以好好休息一下了。”

客户 C:“我是开车一族,随着油价上涨每次加油好费钱……”

客户 D:“我爱购物,有什么办法能让我买买买的时候少一点罪恶感?”

……

销售人员:“你们算是问对人了,让我给您介绍一下我行的卡产品吧。我们的产品和市场活动可谓是覆盖了衣食住行吃喝玩乐各个方面,权益也是充分满足了有车一族、商旅人士、办公白领、购物达人等广大客户的需求,总有一款卡产品适合你。”

销售人员可以通过市场调研了解当地市场主要竞争对手的产品和活动,以及目标客群的分布情况,并对本行产品进行卖点挖掘,以便在实际销售过程中能够成功展示商品优势。

招商银行 YOUNG 卡

目标客群：30 周岁(含)以下客户(非学生客户)。

特点：预借现金额度为信用卡额度的 100%；每月首笔取现免手续费；积分永久有效。

活动：生日月当月双倍计算积分。

新户申卡成功后，满足一定条件可获得相应礼品。

观影美食，多重优惠。

交通银行标准信用卡

目标客群：有稳定收入的上班族。

特点：

① 境内同城本行溢存款取现免手续费。

② 最红星期五：每周五至全国各城市参与活动的加油站或超市店内刷交

通银行信用卡即可享该笔交易 5%刷卡金奖励。

③ 积分兑换礼品。

④ 航空里程兑换。

⑤ 境外使用,都可选择人民币还款。

⑥ 免息还款期最长达 56 天。

活动：成功办卡享 100 元刷卡金;每周五加油享 5%优惠。

上海银行淘宝联名卡

特点：年费减免优惠;持卡满 6 个月即可 100%预借现金;积分奖励,“一举两得”;积分抵现,随兑随抵。

权益：支付宝平台提供账单信息查询及还款;个人网银 E 盾免费领。

淘宝联名卡白金卡可享受网点 VIP 客户绿色通道,旅行安全保障礼遇。

徽商银行黄山信用卡

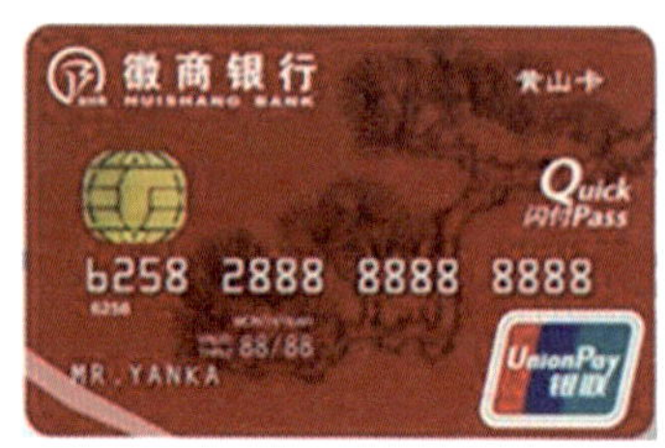

特点：多样化分期付款、现金分期、网上商城、网上快捷支付、还款方式多样、刷卡双重验证、交易及时提醒、全天候异常消费监控。

重庆银行车族卡

目标客群：有车一族或即将购车一族。

特点：金卡免三年年费，刷卡满6次免次年年费；免补制卡片费；生日当天消费5倍积分，周末消费2倍积分。

权益：办理汽车分期享受手续费率优惠；汽车养护、汽车保险专属增值服务；白金卡24小时家庭救援服务、道路救援服务。

浦发银行“万用金”

“万用金”是浦发银行信用卡中心提供的支取现金，并分期偿还本金，同时持卡人需支付一定的分期手续费的业务。

目标客群：仅限信用状况良好、卡片状态正常的浦发银行信用卡主卡持卡人办理。

特点：零担保；无须提交申请材料；最快实时放款；最长三年。

分期期数：3 期、6 期、12 期、24 期、36 期。

手续费：提供分期收取和一次性收取两种方式；分期 12 期，一次性收取的费率为 8.93%，分期收取手续费率为 9.57%。

市场活动：

① 微信“红包分享日”专场活动，可领取指定分期用途刷卡金，100%有奖。

② 指定活动渠道成功申请的首笔“万用金”，不限期数、单笔金额在 1 万元以上的，持卡人将于成功放款的次月获赠

刷卡金奖励。

宁波银行"现金易"

"现金易"业务是宁波银行向客户推出的新型分期业务,持卡人在信用卡额度内获取现金(起点 5 000 元),分期偿还并交纳一定手续费。

目标客群:宁波银行持卡人。

特点:信用额度内全额办理;网上银行或手机银行直接办理;不计取现利息;超长期限。

申请金额:单笔最低满 5 000 元,最高 30 万元。

分期期数:3 期、6 期、12 期、18 期、24 期、36 期。

月手续费:分期收取手续费,费率按照期数不同有 0.7%/月和 0.75%/月两种;一次性支付手续费,各期费率不等,如 12 期,费率 8.4%。

上海农商银行"鑫福金"

"鑫福金"是为上海农商信用卡优质持卡人提供的现金分期服务,客户在交付一定的手续费后,可将部分信用额度转到其借记账户消费或取现,每月按一定比例偿还分期本金。

特点:办理手续简单;极速放款;每月归还本金最低仅1%。

分期期数:6期、12期、18期。

手续费:一次性收取,采用每月分摊本金1%模式,12期与18期享最优手续费率,最低至4.5%。

市场活动介绍

先消费后还款,信用卡不仅能让持卡人享受提前透支的福利,还能轻轻松松出门,只要带上一张卡就OK了。不过今天我们要说的可不是这些,对于客户来说"薅羊毛"才是最大的乐趣,而银行为了赢得客户青睐,增强客户黏性,往往会各出奇招,定期推出各类市场营销活动,希望吸引客户、刺激消费。对于有各种需求的客户来说,在完成自己生活必备消费的同时,还能省钱,何乐而不为呢?

所以销售人员可以通过调研整理和更新市场活动资讯,了解行情,并对比本行市场活动,根据客户需求寻求卖点。各家银行信用卡的活动虽然各有侧重,但也有很多共同之处。

市场活动之新卡营销

招商银行：推荐未持卡亲友申请招行信用卡，成功发卡后30天内激活卡片，推荐人即可获得相应奖励。

新户消费达标后在领取时效内可以领取首刷礼。

交通银行：成功核发指定信用卡主卡的新客户，满足条件可获刷卡金和拉杆箱两重好礼。

成功推荐新客户登录交通银行信用卡网站办卡，推荐人即可获得相应推荐奖励。

浦发银行：成功推荐一名新户办卡，通过审核即可获赠刷卡金返还奖励，上不封顶。

活动期间通过指定渠道申请浦发信用卡并核卡的新客户，满足要求即有机会获得5次免费洗车服务。

上海银行：活动期间主卡持卡人成功推荐新客户至银行线上渠道申请信用卡并成功核卡，且被推荐新客户在核卡后30天内激活并有一笔任意金额交易(消费、取现、分期)，推荐人可获得相应奖励。

徽商银行：活动期间，新发卡客户激活并首刷满50元，获话费奖励，绑定微信和支付宝任意消费一笔，可再获奖励。

市场活动之衣食住行娱

交通银行：逢周五超市、加油、餐饮刷卡消费返5%刷卡金或餐饮红包。

按照积分兑换规则享受指定门店美食兑换。

持卡人通过指定页面，并使用信用卡全额支付，享受“皇包车”境外中文包车游9折优惠。

广发银行：周五广发分享日享指定商户买一赠一。

持广发银联信用卡在DQ指定门店消费满26元享随机立减优惠。

旅游类消费累计金额满足一定排名条件的持卡人，奖励一定金额免还款签账额。

任意金额旅游消费，即可获赠广发积分。

上海银行：活动期间，持卡人每周六至活动商户即可享美食半价，持卡人非周六刷卡消费尊享指定优惠。

活动期间，满足天天刷一定条件，可享指定奖励。

活动期间，通过银联云闪付使用Apple Pay消费可享50倍积分，更有低至5折优惠。

宁波银行：活动期间，刷宁波银行信用卡，享朗豪自助餐99元起，再享积分抵扣。

活动期间，五折观影、每周五指定影城限量10元观影。

江苏银行：客户首次使用添加江苏银行信用卡的小米手

机 Mi Pay 支付消费送爱奇艺黄金会员 1 个月。

徽商银行：活动期间，徽商银行信用卡持卡人每周五在必胜客刷卡消费满额立减。

市场活动之境外营销

招商银行：持 VISA 卡在美国指定奥特莱斯消费最高享 8 折优惠。

持 VISA 卡在美国指定机场免税店购物消费，单笔消费满 300 美元，可享 10%立减优惠。

持卡人在指定品牌全美门店单笔消费满额，即可在“掌上生活”App 领取 1 000 积分。

浦发银行：美国指定机场免税店消费满额享 5%折扣。

迪拜指定酒店餐厅、咖啡厅消费享 8 折优惠。

加拿大 Yorkdale 购物中心消费满额赠 50 加元礼品卡。

上海银行：活动期间，持卡人在境外通过银联通道线下 POS 消费满足条件，即可享累计金额 6%返还奖励，最低返现 1 080 元。

上海农商银行：活动期间，持世界白金鑫卡美元卡境外刷卡返还 15%刷卡金。

行动练习

1. 搜集当地市场上与本行卡产品类似的卡产品资料，找出其特点以及本行卡产品相比其不同之处。

2. 提前计划好每一天的工作，精确地制定要拜访的客户数量，以及要实现的销售量，记录自己能否实现计划目标。

第三章

销售前期准备

克服拖沓最有效的技巧之一，就是提前把一切都准备好。如果所有的事情都井井有条，你就能热情高涨地开始工作。

——博恩·崔西

成为一名信用卡销售人员意味着挑战开始升级，无论你以前从事什么行业，当你踏入这个门槛，就需要突破无限可能，你准备好了吗？

目标和计划制定

又到岁末年初了,小李和同事在办公室感叹闲聊:

"小李,你去年要完成的前年定下的大前年就要实现的目标,现在它怎样了?"

"哦,不怎样。所以我在 2018 年的新年目标就是完成 2017 年那些本该在 2016 年完成的我在 2015 年就信誓旦旦要完成的 2014 年制定的目标!"

又是新的一年了,朋友圈里展示自己目标计划的也多了:今年我要完成多少业绩,我要看多少本书,我要瘦下多少斤等,是不是踌躇满志?然而现实却是:今年目标没实现?请别难过,去年和前年不也一样没实现嘛。

很多销售人员会问,我每天只要尽我所能地去拜访客户不就行了吗?制定目标计划多麻烦,还浪费时间。然而凡事预则立,不预则废,制定目标和计划是获得成功的前提。

首先什么叫目标清晰?

"先定一个能达到的小目标,比方说先挣它一个亿!"这是王健林的一个小小目标,简直是 21 世纪最佳励志鸡汤文,然而这种小目标对于我们这种普通大众来说简直就是一生也难以企及的目标了。

这个是不是目标清晰?对于王健林来说当然是!他的本

意是要把目标放大，定了目标咱去奋斗，做到了更好，做不到你看挣了 8 000 万咱也乐呵，挣了 5 000 万也挺好。那么销售人员该怎样确定目标，制定实施计划，以达成目标呢？我们可以分为三步走。

步骤 1：目标的确定。优秀的销售人员都应该以结果为导向，在正确理解卡中心整体目标的前提下制定目标，保持个人目标和组织目标的一致性，然后可以将目标细分到每个季度、每个月。例如年度目标卡量为 900 张，那么分到每个季度为 225 张，每个月需批核目标卡量为 75 张。当然也可以在明确自身的期望报酬、职业规划、业绩要求的前提下，设定更有挑战性的目标。

步骤 2：分解与计划。当我们明确自己的目标之后，接下来要做的就是在将目标分解之后，结合自身过去的每日拜访量、进件量、核准率或者自身期望达成的目标，制定每月每周每日的细分计划，并且给政策波动和过件率波动等变量留有余地。例如你已经明确了每个月需要新增卡量 75，上个月的核准率为 60%，考虑到一些外部环境因素的影响，那么这个月至少需要进件 125 才能完成这个月的业绩，然而这只是进件量，你这个月得拜访多少个客户才能实现这么多进件呢？这就与你日常的获客成功率有关了，决定你每个月需要拜访多少个客户。通过这样的层层分解，可以清晰地知道自己每月、每周，甚至每日需要进件多少，需要拜访多少客户，工作方向是不是瞬间明朗了许多呢？

步骤 3：跟踪与调整。在实施计划的过程中，销售人员还要及时跟踪实际结果，做好展业日志的记录，如果发生了偏离需要对偏离情况进行评估，采取一定措施来保证目标能够按照原来的计划实现。根据个人实际达成的工作结果，分析每种作业模式的获客量，有多少是陌拜而来，多少是转介绍而来，检查计划的执行和完成情况，从而可以根据实际情况灵活调整后续计划，以在规定的期限内实现目标。

案例：某银行在年初向信用卡中心下达了新一年的年度卡量目标，卡中心进而制定了销售人员的年度考核计划。通知下来后销售人员看到目标都很苦恼，在他们看来这么高的目标卡量是不可能完成的，于是有了畏惧心理。但是其中一位团队主管小华却没有说什么，而是默默地把团队总体目标分成了很多个小目标，把年度目标细分为季度目标，然后再分为月目标、周目标、日目标，并制定了详细的工作计划，最后跟自己团队的销售人员说只要每天完成这些目标量就可以了。

销售人员一看，觉得这日目标、周目标看着好像并不难实现，瞬间自信了许多。在接下来的日子里，大家目标明确，陆续完成了周目标、月目标……

一年下来，大家惊喜地发现自己都完成了当初觉得不可能完成的任务。从这以后，小华团队的销售人员都学会了把自己的业绩目标分阶段分成很多个小目标，工作效率得到显著提高，在年终考核时都取得了优异的成绩。

★案例中，团队主管小华正是在明确了总目标之后，巧妙地运用了目标分解来制定阶段性计划的方法，帮助员工化繁为简，并教会大家如何通过阶段性目标的实现来达到总体目标的实现。通过这个小方法，大家的工作有了方向，在精神上也减轻了压力，主管小华也能更好地帮助大家实现过程监督，工作效率获得了空前提高。

情景演练

不是说实战才是最务实的检验成效的方法吗？为什么还要进行情景演练呢？因为害怕到了实战时“掉链子”，让客户白白流失。情景演练的内容一般来自实际的市场实战案例，贴近销售人员的日常工作，参与性和学习性都比较高。销售人员可以在熟记营销话术、参加小组讨论会、向优秀销售人员讨教等过程中穿插展业拜访的情景演练，尽可能考虑到外出展业中可能发生的各种情况，不打无准备之仗，把可能发生的情景进行不断演练才能熟能生巧、巧能生精。

对于销售新手而言，牢记营销话术是快速上手推广的一种有效方法，在经验不足的情况下，记住标准话术有利于在实际营销中打开局面。是不是联想到还是学生时最害怕的一句话"请熟读并背诵全文"？可是牢记营销话术却不再是你最害怕的一句话。

当然通过死记硬背进行情景演练远远不够，在日常举行的团队例会中，销售人员可以通过组会学习，向有经验的前辈讨教，掌握获客方法。通过共性问题专题探讨，个性问题及时指出，可以保证销售人员对问题的清晰理解，及时修正方向。

情景演练该怎样进行呢？举个例子，我们读书的时候上英语课经常被老师请出来做角色扮演，因为老师说这是提高英语水平的绝佳方法，练习在不同情景下如何用地道的英语表达：

"小李，你来扮演 Jack；小陈，你扮演 Rose，Action。"

小李内心 OS：这个场景好像我们不会经历到啊！

小陈内心 OS：为什么选了我们两个大老爷们儿？

同样的，销售情景演练是一种锻炼技能，与同事之间加强业务上的交流，从中获得销售经验的一种有效方法。销售人员各自设计场景、推敲话术、巩固知识点，真实再现每天的工作场景。你扮演难缠的保安，他扮演有异议的老客户，她扮演极度排斥信用卡的准客户，我扮演企图蒙混过关的风险客户……"客户虐我千百遍，我待客户如初恋"，设计的重重刁难可以是自己在实际工作中遇到但是处理得不够好的，也可以是大家普遍遇到的共性问题。

心态准备

“小编小编，我觉得自己心态不好，刚刚炒股亏了 100 万元，恨不得再砸个 100 万元进去，不信赚不回来，快点制止我，帮我止损，我这种心态能做好销售吗？”

“你这种乐观心态当然……不对，你这么有钱还问我能不能做销售？”

我只能说：“你这种乐观又进取的心态没人比你更适合做销售啊！”

在销售领域有个“二八原则”，也就是 80％的销售额是由 20％的销售人员创造的，这个原则在其他领域也同样适用，比如决定销售成功最重要的因素是心态，能否胜任销售工作，能力重要，心态更加重要，良好的心态是一种职业修养，是成功营销的重要保障。

销售人员必备的心态

我们来看一下优秀的销售人员身上有哪些闪光点：成功的欲望、自信、坚持不懈、正确面对失败……

成功的欲望：任何脱颖而出的销售人员，都源于对成功的欲望，这种欲望最初的出发点可能是对金钱或者物质的欲望，也就是通过销售产品能够获得多少物质收获，以便使个人生活和家庭生活变得更加美满幸福，这种欲望逐渐演变成对更高理想的不断追求。欲望越强烈，就越能激发潜能，直到实现最终目标。

自信：任何一名优秀的销售人员都对自己的职业充满发自内心的热爱，对事业充满强烈的信心，这种自信不仅仅是对自己的自信，更是对销售工作的自信。作为一名销售人员，不仅仅是在销售产品，也是在销售自己，客户接受了你，才会接受你的产品。客户更愿意信任看上去自信满满，而绝非眼神游离、不敢正视客户的销售人员。所以从现在开始，锻炼自信心，让自己热爱销售，当拥有不可动摇的自信时，你已经具备了金牌销售的潜质。

坚持不懈：马云说："今天很残酷，明天更残酷，后天很美好，但是绝大多数人死在了明天晚上。"当年阿里成立的时候马云说要做一个由中国人打造的世界性公司，如今愿望实现了，马云感慨："外界只看到我们的高调，但却很少有人知道我们长达数年的坚持和等待。"小编纳闷，为什么当年我们吹过的牛都没有实现呢？除了其他自身内部或外部因素之外，还是因为不够坚持！

销售是从失败开始的，整个销售过程都充满了艰辛和痛苦，因此销售人员需要具备坚持不懈的心态。不少销售人员在展业中遇到客户拒绝、保安堵截、业绩不理想就早早放弃，寄希望于明天能有好收成，但业绩往往和拜访量成正比，如果每天坚持一定的客户拜访量，在一个区域内脚踏实地开展工作，遇到阻碍再多坚持一会，也许会出现“柳暗花明又一村”，在困境中成功。无数次的实践证明，在销售之前遇到的挫折越大，克服挫折后取得的成绩也会越大。

行动力：行动是最有说服力的，也是成功的第一步。销售人员需要用行动去完成自己的业绩指标，赢得客户信赖，在行动中可以逐渐让自己的心态变得淡定从容。若是一切计划、目标、愿景都停留在纸上和口头上，不去付诸行动，那计划就无法执行，目标就不能实现，愿景成为肥皂泡，心态也会变得越来越迷茫、急躁，充满压力。所以金牌销售永远充满行动力，不是在拜访客户就是在去拜访客户的路上。当你还在纠结这个月的计划是 100 还是 200 时，金牌销售早早定下 200 的计划并且付诸行动了。

“我也知道心态重要啊，可是怎么实现呢？”心态健康与身体健康一样，你可以通过锻炼让身体变得健康，也可以通过一些方式进行心理锻炼来建立良好心态。

如何调整心态

克服被拒绝的恐惧：很多销售人员都会有一种恐惧心理，害怕被拒绝。这种恐惧心理使我们担心客户可能会对我们说“不”，害怕客户会对我们反感、批评。不少销售人员会认为每次被拒绝都是因为“我不够好”，不断自我暗示，消极情绪的累积会导致信心缺乏、士气低落,让销售工作陷入低谷。如果没有对被拒绝的恐惧,每个人可能都是金牌销售,收入都可能翻一倍、翻五倍……在面对客户拒绝时,我们必须认识到拒绝并非针对个人,80%的销售会以拒绝告终,而原因可能是多方面的。拒绝并不意味着销售人员自身或者产品不好,客户say no 只是因为他们不需要,或者暂时不需要。

想要在销售中取得进步与成功,就要锻炼自己的勇气与毅力,尽管每天都要面对拒绝,但每天都能坚持下去。应当相信,勇气是一种习惯,越锻炼就会越强,最终会达到不再惧怕任何事情的境界。从此,业绩开始直线飙升,距离成功越来越近。

对于被客户拒绝的恐惧是新员工放弃销售工作的主要原因之一,在团队管理中,帮助新员工克服恐惧是主管的重要工作之一。主管可通过新人模拟训练、通关演练、经验传授、辅导带教、拜师随访等方式,帮助新人渡过最初的瓶颈阶段。

学会鼓励自己:自我激励是一种自我调节的能力,销售人员在遇到失败和面临挫折的时候要学会自我鼓励,发现自己的长处与取得的进步。经常回顾自己通过克服困难与积极努力,已经实现了什么目标,下一个等待实现的目标是什么,是否月薪过万、是否下个月可以换台新的电脑、是否可以来一次新年旅行、是否可以首付买辆小轿车……通过一个个小目标的实现来鼓励自己不断前进。另外,还应客观公正地评价自己,不因一次小的失败就产生自卑感,激励自己对事业的信心和追求。

在团队管理中，团队主管应善于发现团队成员的情绪波动，创造倾诉的机会，利用晨会、小组会议或经验交流的时间，请团队成员分享工作中的成功体会与如何克服失败的经验，在交流中真挚的情感互动往往能够唤起共鸣、鼓舞人心，成为销售人员自我鼓励的良药。

充分挖掘自身潜力：信用卡销售需要同各种各样的客户打交道，展业拜访的场所也是各有不同，遇到的状况更是千变万化，面临很多挑战。社会唯一不变的就是变，市场、客户都在改变，销售人员的工作方式也需要不断更新改进，能够正确认识自己，挖掘自身潜力并使之发挥出来，鞭策自己不断努力。

全心投入工作：我们在优秀的销售人员身上发现一个共同的特点，那就是心无旁骛地全心投入。当你全心投入工作时是没有时间让其他因素干扰到自己的，会将全部心思用在工作上，认同销售工作的价值，对自己和产品有信心，用饱满的热情面对客户。

全心投入工作的一个表现就是目标清晰，清楚自己期望实现的业绩指标与收入水平，拆分每周甚至每天可执行的行动计划与拜访量；全心投入的另一个表现是为每一次拜访做充分准备，外出展业之前提前准备、合理计划、规划路线，提前了解客户特征，拟好客户可能问的问题和应对方式……做越多的准备，就会越有自信，留给客户的印象也会越好。

持续学习：金融行业的发展日新月异，昨天还在销售基础信用卡产品，明天就有可能推出新的消费信贷产品；今天还能解答客户的疑问，明天就被客户关于利率市场化的问题问倒……销售人员需要将持续学习纳入日常，无论是专业知识还是行业动态，无论是客户知识还是产品信息，无论是人际交往还是销售技巧，只有全面、主动了解这些信息，见到客户的时候才会有更多的话题，而这些话题也往往是客户对你产生信任的原因。当持续学习给你的销售工作带来价值时，工作起来是不是更有底气更有乐趣呢？

案例：小张在刚成为信用卡销售人员时非常不自信，每天展业都怀着忐忑的心理。早上出去总担心今天业绩会不会"挂零"，扫街扫楼听到拒绝声时，就没有了继续问下去的勇气。拜访量一直提不上来，业绩也不太理想。

于是小张主动向前辈取经，逐渐熟悉市场环境与销售规律后，发现每天只要坚持一定的客户拜访量，在一个区域内脚踏实地展业，业绩还是会有一定成果。

小张由原先紧张急躁的心态逐步变得轻松自在，与客户沟通也更加顺畅，还会很自然地开些玩笑，展业效果越来越好，工作起来也更加自信了，真正起到了事半功倍的效果。

★任何工作的开始都是自我销售的过程，当拥有积极阳光的心态后，表现也会更加自信，成功地销售了自己，工作就成功了一半。所以对小张而言，展业心态的逐渐成熟是他业绩提升的重要因素。

行动练习

1. 学会自我审视：找找自己身上最大的优点和缺点是什么。

2. 总结工作中的问题，与主管或同事一起沟通想办法改善。

3. 参与策划团队活动，通过团队力量来激励鼓舞自己。

工具准备

销售新手可能会问，我第一次出去展业不知道要带些什么东西，万一碰到潜在客户正要营销，出现营销工具忘带，岂不是很尴尬。

提前准备现场作业需要携带的各种文件和工具，是销售人员专业水平的一种体现，防止作业过程中发生如申请表忘带等情况，降低客户体验。并且工具准备充分也有利于取信于客户，顺利展业，并提醒潜在客户在需要时进行联系。

在这里我们对销售人员日常展业所需携带的工具进行归类,出门的时候记得要跟检查手机、钱包、钥匙一样检查以下三类物件,以免遗漏。

申请物料

申请表、PAD、营销手册、宣传彩页、礼品、展示资料。

身份证件

工作证、名片、身份证,作为一个有身份的职场人士,这也是商务礼仪的象征,出门时可千万别忘记。

辅助办公用品

辅助办公用品包括白纸、笔、相机、文件袋、夹子等办公用品,辅助工作的进行。

也许你平常邋遢惯了,东西经常翻个底朝天,总是在要用的时候找不到,又不知在什么时候冒出来,作为一个专业的销售人员,工具准备还要注重的一点是保持工具材料的整洁,分类收纳,有条不紊。切忌凌乱并当着客户面到处翻找,甚至出现材料污损的现象,给客户留下草率不够专业的印象。

着装与形象

心理学研究发现,与一个人的初次会面在 10 秒内就能产生第一印象，90%的人在会面的最初就已对对方做出一个判断。

对于销售人员来说，大多数情况与客户只有一面之缘，外表形象会影响客户对其专业能力和其产品服务的信任。而客户潜意识形成的看法会影响后续的销售过程和销售结果，这种首因效应对结识并取信于客户具有正面作用。

着装

销售人员外出之前要检查自身的仪容仪表，着装以大方、得体、整洁为原则，衬托自身职业形象，男士西装注意整体搭配，女士着装注重高雅利落。

发型

发型以清爽干净、美观大方、符合身份为原则，男士发型不宜过长、不剃光头，避免邋遢的形象，女士发饰不宜过多。

面部

面部注重干净整洁，男士面部剃须修面，保持清洁，女士可以适当着淡妆，清新自然即可。

行动练习

1. 想想自己为什么想要成为信用卡销售人员？这将给你的生活带来怎样的改变？

2. 为自己和家庭制订中短期目标，列出清单，写下要挣得的报酬和未来要实现的10件事情或购买的物品，看看多久可以实现。

3. 保持自己的状态，遇到客户无论是否是目标客户，也无论最终是否成交，保持轻松愉悦的状态。

4. 读了本章内容，你会立即采取的一项行动是什么？

销售进行篇

销售，其实很简单！

前期准备工作做足之后，还是不知销售如何开展？

掌握核心技巧很重要！正如武侠世界里，剑法招式加上内功心法是构成一本武功秘籍的要素，可以让武功小白变成武林高手，让武林高手技能 UP UP UP！

信用卡销售同样如此，方法秘籍是关键！接下来就是秘籍传授时间了。

这位少年，我看你骨骼清奇，天资聪颖，实乃难得一遇的销售奇才，我这里有一本信用卡销售秘籍就传授给你了！

第四章

陌生拜访

“如果我想在今后获得商业上的巨大成功，您能给我的建议是什么？”迈克尔问父亲。

“你应该从一名陌生拜访的销售做起，通过在这么困难的条件下创造销售成功，建立起强大的自信，将为你的生活建立起牢固的心理基础，让你对任何事情都不会心怀恐惧。”

——博恩·崔西

陌生拜访对于提升信用卡销售业绩具有重要作用，它几乎是每个销售人员或多或少会用到的一种客户开发方式。利用人际关系进行缘故营销固然十分有效，也较易成功，但是销售人员的自有人脉资源总有开发殆尽之时，此时大规模的陌生拜访就成为其扩大销售量的利器。同时陌拜因其较高的拒绝率成为一种极具挑战的客户开发方式，怎样识别目标客户？在接触到客户之后怎样进行有效的面谈化解客户的防备，进而推广产品刺激客户需求？怎样处理客户的拒绝？这是销售人员提高效率、提升信心所亟须解决的问题。

目标客户识别

有小伙伴问:“为什么要进行目标客户识别呢？我只要广撒网不就可以了嘛,自然会有目标客户‘上钩’。”

可是你不是在钓鱼,信用卡也不是普通产品,在开展营销之时,我们不能像无头苍蝇一样逮住一个路人就向他营销信用卡,而是需要首先识别出信用卡目标客户,这样不仅可以防止在非目标客户身上浪费过多精力和成本,提高营销效率,还能针对客户需求来推广合适的卡产品,优化客户体验。另外,通过识别目标客户可以将风险客户挡在门外,从销售前端有效控制风险。

没错！那么销售人员可以通过一些什么方法来识别目标客户呢?

产品维度

通过卡产品本身的特点去识别客户群体，不同的卡产品本身定位不同的目标客群，通过卡片特点来明确客群、识别本质进而推介产品，可以获得不错的效果。

真实客户需求维度

客户对于信用卡的需求一般可以归纳为现金需求、分期需求、消费需求、权益需求、优惠需求、身份需求等，销售人员可以根据客户不同的需求有针对性地推广不同的卡产品。

如果客户有身份需求就推介高端卡。

如果有优惠需求，就推广市场活动丰富的卡产品。

当销售人员明确客户需求是什么，什么样的客户适合哪种卡产品的时候，就能更高效地进行营销。

销售指引政策维度

销售人员可以根据行内销售指引要求，对客户进行综合识别。银行的销售指引对目标客群有明确的定位，对职业的具体范畴会有一定的要求，销售人员可以结合销售指引政策判断客户是否符合目标客群特点。

案例：张明是银行信用卡中心的客户经理，经常需要通过陌拜开发新客户。一次在外出陌拜的过程中，突然一块门牌闪过：城西街道办事处。看着门牌张明心想这个机关单位不就是一个很好的目标客户群体吗？而且一般业务员可能也不会去拜访这样的机关单位。怀着试一试的心情张明走进了办事处的大门，并找到一间相对空闲的办公室作为营销突破口。

行动练习

1. 熟记行内销售指引政策要求，并据此举出日常可经常接触到的几类客户。

2. 清晰地了解目标客户主要集中在什么地方，并尽量花多一点的时间与他们在一起相处。

开场白方法设计

在完成了相关准备工作，拥有一双火眼金睛之后，接下来就是正式面对客户了，理论上说，这才是销售的真正开始。优异的销售业绩无一不是建立在大量的拜访、面谈、开场、交流之上的，突破接触面谈这一关，是每一个销售人员的入门级看家本领。

好的开场白的效果就像是卖报人所吆喝的那样。设想一下，当你正在站牌前等公交车，一位卖报人走过来对着等车的人高喊："卖报！卖报！一块钱一份！"与此同时，另一位卖报人也对着等车的人大喊："卖报！卖报！中国足球主场1比0力克韩国，取得关键性胜利！最新台风明天登陆本省，中心风力可达12级！"想象一下，同样是卖报人，最终的结果会有什么样的差别？很显然，后面那位卖报人的开场白更具吸引力，他通过极具诱惑力的语言，成功地吊起了等车人的胃口。

开场白是销售人员在与客户见面的1～2分钟内所要说的话，所谓不同的人说不同的话，陌拜的开场白也可以有很多种方式，销售人员可以根据不同客户类型、不同场景灵活选择和设计开场白，来引起客户关注，引发交流兴趣。

单刀直入法

【方法解析】

陌生拜访如果发生在客户的办公场所、工作时间内,客户一般会比较忙,不喜欢被浪费时间。这种情况下销售人员切忌东拉西扯、盲目闲聊,可以采用单刀直入法。这种方法重在开门见山,说话直截了当,不绕弯子,精炼地概括出卡产品特点,直接邀请客户办卡。

【话术示例 1】

销售人员:“先生您好,我是某某银行信用卡中心的客户经理,请问您有没有办过我行信用卡?”

客户:“没有”

销售人员:“我行信用卡现在免费办理,先消费后还款,享受最长 56 天免息期，这是我们卡产品的宣传单，您可以先了解一下。”

【话术示例 2】

客户：“我已经有其他银行的信用卡了。”

销售人员：“请问您常用是哪家银行的卡片呢？我行的卡产品也有您这张卡的权益，另外还有……特点，……权益。”

【话术点评】

销售人员向没有办理过信用卡的客户推销时，可先以信用卡的功能特点为开场白直接邀请客户办卡。如果客户已经有信用卡，销售人员可以通过询问客户主要使用哪张卡片，从而了解客户对卡片权益的需求点，进而找到适合的卡产品进行推荐，通过对比促成销售。

市场活动法

【方法解析】

这种方法是以市场活动为引子，首先要求销售人员要熟知目前本行卡产品拥有的市场活动，以此为特色卖点向客户进行说明，以求对客户达到冲击力的效果。

【话术示例1】

销售人员:"女士您好,经常来超市购物吧,您目前来这里购物有优惠吗?"

客户:"没有啊,但我有超市会员卡,可以积分。"

销售人员:"是这样的,我们银行与超市合作推出'满减'的优惠活动,只要您持我行的信用卡,每周五在店内消费满××元即可享受×%现金返还。您如果有超市的会员卡,还能享受折上折优惠。"

客户:"真的吗,那这样很优惠啊。"

【话术示例2】

销售人员:"您好!我是××银行信用卡中心的××,打扰您1分钟的时间。目前我行推出一款女性专属信用卡,在八佰伴、正大广场等多家商场刷卡购物有折扣活动,还有专属的美容活动,请问您有兴趣了解一下吗?"

【话术点评】

销售人员在推销信用卡时,可以针对目前的市场优惠活动设计开场白,详细介绍活动地点和活动内容,以及可实现的利益或优惠,从而吸引客户注意力,引发客户好奇心。

他人引荐法

【方法解析】

他人引荐法是一种“打着别人的旗号”来推介的有效方法。告诉客户，是第三者(客户的亲友)要你来找他的，这是一种迂回战术，因为每个人都有“不看僧面看佛面”的心理，所以大多数人对亲友介绍来的销售员都很客气。“打着他人的旗号”来推介的方法，虽然很管用，但要注意一定要确有其事，不能自己杜撰，否则容易失去客户信任。

【话术示例】

销售人员:“何先生，您的好友张先生刚刚办了一张我们银行的信用卡，他认为我们的产品也比较符合您的需求，可以帮助您获得……方面的利益，所以向我推荐了您。”

客户:“噢，那我朋友办理的是什么卡?”

销售人员:“他办的是一张车友卡，这张卡拥有指定加油站加油享受5%刷卡金返还的权益，刚好听说您买了新车，这张卡绝对适合您。”

【话术点评】

销售人员在提及第三人引荐时，应说明引荐原因，这样容易让客户放下防备心理，信赖销售人员，并对产品产生兴趣。

客户寒暄法

【方法解析】

销售人员与客户初次见面为了放松紧张情绪，可以通过寒暄来活络气氛，解除客户的戒备心，建立信任关系，因此学会寒暄是一门重要技能。也许你比较内向，容易出现这种情况：

———你看你，又把天聊死了———

或者是这种：

———此处冷场———

不要害怕，只要谨记从两个方面突破寒暄就可以了：个人情况和企业情况，用合适的内容拉近距离，避免尴尬。个人方面可以聊工作效益、兴趣爱好、创业经历、事业追求等；企业方面可以寒暄行业前景、产品特色、企业文化、发展规划，但是切忌涉及客户隐私的话题。

【话术示例】

销售人员：“您桌子上摆放的照片真漂亮，人美景美，这是哪个地方？”

客户：“这是我以前去××拍的。”

销售人员：“您是不是很喜欢旅游呢？”

客户：“对啊。”

【话术点评】

销售人员进行寒暄，并不是随便说一些话题，而是面对客户的时候可以打开话题，要让客户觉得和你有话可谈，甚至可以从中挖掘出一些有效的信息，比如知道客户适合哪种卡产品。此外，销售人员在和客户寒暄前需判断客户是不是很忙，如果客户真的很忙，就一定要言简意赅地表述来意和客户所需要知道的信息，否则容易被客户不耐烦心理打断。

案例：一天张明正在一家公司的写字楼进行陌拜，准备从一间一间的办公室开始，“你们办公室真敞亮，我看到其他办公室的人都特别忙，来你们这儿串串门。”张明和一位靠近门口的女性进行寒暄。

“你是哪位？有什么事情吗？”

“我是某某银行的客户经理，您桌子上的这个星巴克杯子真好看，我行信用卡刚好有积分兑换大杯星巴克的活动呢。”这位女性听到后表现出很大兴趣。张明接下来的营销就非常顺利了。

客户赞美法

【方法解析】

每个人都有希望别人赞美自己的心理，而且得体的赞美是很容易引起注意的，学会赞美别人，可以拉近关系，消除戒心。因此，在拜访客户时适当地赞美你的客户是引起客户注意的有效方法。

赞美的内容有很多，如外貌、衣着、气质、谈吐、工作、地位、能力、性格、品格等。只要恰到好处，对方的任何方面都可以成为赞美的内容。

销售人员可以从以下几个方面把握赞美的要领。

① 努力发现顾客的长处：针对顾客的服装、仪容、携带物品、小孩等方面找到赞美点。生活中并不缺少美，而是缺少发现美的眼睛！

② 赞美事实：以自信的态度，对所发现的事实加以赞美，

不要让客户觉得这是一种敷衍的称赞，而是恰到好处，保持真诚。

③ 用自己的语言赞美：尽量不要使用业务上的应对语言，而是以发自内心的语言来赞美。

④ 具体的、有根据的赞美：在赞美之际，要能具体地说出“何处、如何、何种程度、为什么”等内容。

【话术示例】

销售人员可以采用的常见赞美句式：

“您好！有用过信用卡吧，像您这样有气质的白领肯定要拥有一张有特色的信用卡，既时尚又方便。”

“你也喜欢……发型啊，这是今年最新的款式，真有眼光。”

“您的办公室宽敞明亮，在这里办公一定身心舒畅。”

“像您这样的……”

"看得出来,您对……颇有研究。"

"听说,您在这方面是个专家,真不简单!"

感谢客户法

【方法解析】

拜访客户时,销售人员还可以感谢的方式作为开场白,因为大部分人都有这样的心理,当别人向他致谢的时候,通常能引起他的自我肯定。另外,人人都爱面子,在你给他戴上"事业有成、公务繁忙"的"高帽子"后又加以真挚的致谢,已经给足了他面子。而且,从心理学角度看,拒绝是一种伤害感情的行为,人们在拒绝的时候常常会不自觉地找一个借口为自己开脱以免良心的内疚。所以以感谢作为开场白时客户会不好意思拒绝你。

【话术示例】

销售人员:"先生您好,非常感谢您能给我会面的机会。我知道您的工作相当繁忙,能不能给我几分钟的时间,非常感激您,我会长话短说,简要介绍我们银行的信用卡产品。"

销售人员:"非常感谢您付出的时间,我知道您很忙,所以我就用两分钟时间跟您介绍一下我们的产品,不会占您多少时间的。"

【话术点评】

对于工作时间找上门的销售人员，客户最好的拒绝理由就是"我正在忙""我没有时间"这种貌似事实的借口。如果你一开始就用"知道您很忙"将这个借口点破，客户就不得不再找一个过得去的借口，甚至是不好意思拒绝，在他思索犹豫的时候，你就争取到了时间。

行动练习

1. 练习倾听，多听听客户在说什么，从中找到需求点。

2. 写下自己在面对客户时说过些什么，记住这些话术，并不断加以改善并练习，直到能自然而然回忆并说出这些话语。

3. 用不同的赞美点赞美你身边的三个人。

如何提问挖掘需求

信用卡营销是一个分析需求、判断需求、解决需求的过程，如果不明白客户需求，那么接下来的营销就会是无用功。提问正是一种挖掘需求的有效方式，一般是为了让客户多发表意见，激发客户兴趣，了解客户类型和需求，从而促使客户产生办卡的欲望，另外通过提问销售人员也可以把控面谈节奏。通常情况下，提问的方法因客户而异，这里介绍以下几种。

封闭式提问

【方法解析】

封闭式提问一般指提出的答案有唯一性，范围较小，对回答的内容有一定限制。提问时一般给对方一个框架，让对方在可选的几个答案中进行选择。这样的提问能够让回答者按照指定的思路去回答问题，而不至于跑题，多用于在确认客户需求的时候，把选择权交给客户。

【话术示例】

"您有没有办过信用卡？"

“先生，您在我行的资质可以办理金卡，请问您今天带身份证了吗？”

“您看我们的产品这么好，那您想办理我们的金领卡还是白金卡？”

“您是不是经常出差呢？”

“您使用过信用卡分期服务吗？”

【话术点评】

对于封闭式提问客户一般只能用“是”或“不是”，“有”或“没有”等简单词语做回答，易于缩小讨论范围，获得特定信息，具有较强的暗示性。销售人员再根据客户给出的回答来灵活应对，例如对没有办过信用卡的客户推荐办卡，对办理过信用卡的客户挖掘需求进而推荐其他卡产品。

开放式提问

【方法解析】

开放式提问一般提出比较概括、范围较大的问题，对回答内容没有严格限制，给对方充分发挥的余地，开放式提问多用于了解客户信息，此时销售人员可以结合重点主推产品询问客户需求。

【话术示例】

“是什么原因让您不想用信用卡呢?”

“您以前的卡用下来感觉怎么样?”

“您经常用到什么功能?”

“您希望信用卡能提供哪些方面的服务?”

“您的卡一般用于哪方面的消费比较多?”

“我们的信用卡 APP 上有商城优惠券兑换礼品的活动,您看是否有感兴趣的?”

【话术点评】

通过开放式问题,客户会感到轻松,容易给出更多的回答,比如当客户委婉表示不想办卡时,销售人员要做的是探询其异议背后的原因,而不是争论。销售人员也能够从一些开放式问题中获取更多客户信息,比如客户的用卡行为、消费习惯、重点需求,从而可以了解哪种卡产品适合客户。

引导式提问

【方法解析】

当不确定客户的需求点的时候,可以巧妙地将问题抛回给客户,迅速把握关键点,或者利用一些假设,引导对方说出我们想听到的回答。

【话术示例1】

客户:“你们都有什么样的还款方式?”

销售人员:“我们有灵活多样的还款方式,您最希望的是什么样的还款方式呢?”

【话术示例2】

客户:“你们的信用卡都有什么功能?”

销售人员:“您认为信用卡的什么功能能带给您最大的方便?”

【话术示例3】

销售人员:“您说您经常出差,那您坐飞机的次数应该比较多吧?”

客户:“是比较多。”

销售人员:“我行的商旅卡正好适合您这样的人士,可以免费享受全国各大机场贵宾厅和一年3次的接送机服务。”

【话术点评】

销售人员在无法把握客户内心深处的想法时,要通过不断的引导,发现其需求,学会借力打力,先通过陈述一个事实,然后再根据这个事实发问,让对方给出相应的信息。

行动练习

1. 练习提问：尝试保持试探性提问，在介绍产品特点及权益后，试探客户的反应。

2. 准备一系列开放式问题，让自己可以利用这些问题控制销售谈话的节奏，揭示客户的真实需求。

3. 准备一系列封闭式问题，并根据客户不同的回答事先准备应对话术。

需求激发方法

在提问挖掘客户需求时，也许客户的反应没有如我们所料：

“办过信用卡”“没带身份证”“不出差”“就是不想用卡”……是不是一句话怼得你营销热情全无？

别担心或者沮丧，没有得到有用的信息，并不代表客户没有需求，客户之所以没有表现出需求意向，是由于潜在需求可能他自己都没有发现，或者并没有说真话，这就需要我们的销售人员通过一些方法去激发客户的需求，找到他的痛点或者引发其认同。

危机行销法

【方法解析】

销售人员在推广信用卡时，为了让客户更加重视信用卡的功能，可以从产品功能针对的需求进行反面宣导，使客户认识到不使用该产品可能存在的严重后果。

【话术示例】

销售人员："如果您现在在外面出差，如果突然有急事需要大量用钱而你的现金或存款不够怎么办，如果没有信用卡是多么麻烦的事啊。"

【话术点评】

销售人员可以设定一个场景，强调客户如果不办卡是一个错误的决定，会因小失大，故意放大问题制造危机感，强化"坏结果"的压力，以此来刺激客户需求，引起共鸣。

催眠行销法

【方法解析】

销售人员引导客户进入"催眠购买"中，将产品信息渗入客户最关注和感兴趣的事情，使他们比平时更容易被暗示、被打动，刺激客户的欲望。

【话术示例1】

销售人员："您现在办一张信用卡，就可以分期付款买一台电脑了，晚上不用去挤网吧了。"

客户："可是去网吧花的钱比分期买一台电脑可便宜多了。"

销售人员："一次去网吧确实花不了多少，但是如果您日积月累金额可是巨大的呢，况且买了电脑，电脑就是属于您自己的财产了，在家随时都能上网，肯定比去网吧体验好多了。"

【话术示例2】

销售人员："假设每周和女朋友出去约会，使用我们的信用卡参加APP领取饭票活动，日积月累下来也可以节省一笔不小的开支呢。"

客户："确实是这样呢。"

【话术点评】

销售人员先了解客户的需求之后，强调客户如果按自己的说法去做可以得到什么样的结果或利益，引导和刺激顾客的欲望，来与客户建立共识，而不是依靠客户的冲动。

案例行销法

【方法解析】

销售人员可以举出日常生活中的典型案例，更生动直观地说明卡产品的优势和带来的好处，让营销更加有说服力，使客户对卡产品有更深刻直接的了解，促使客户产生趋同和从众意识。

【话术示例】

销售人员：“曾经有人通过信用卡的资金周转度过了职业空档期。”

销售人员：“我的一个商旅客户因为经常坐飞机出差使用我行的信用卡，后来用累计的信用卡积分兑换了一张春运回家的票呢，在春运那么紧张的抢票期间这是多大的福利啊！”

【话术点评】

销售人员以实际贴近生活需求的例子向客户说明，容易获取客户的信任，引发客户好奇心，并且由于举出的案例是日常出行必备（坐飞机），客户容易被打动和说服。

行动练习

1. 回忆或者搜集自己周围朋友用卡的实际案例。

2. 外出拜访前检查自己是否做好了整装、形象塑造的准备。

3. 统计从外出拜访客户到结束所花费的时间，并养成做好工作日志的习惯。

产品展示说明

当激发客户的需求后，销售人员已经知道客户需要哪一类卡片了，针对性就会增强，工欲善其事，必先“亮”其器，此时是让产品说话的时刻，也是体现销售人员专业知识的时候。有的客户在听完产品介绍之后还是一脸无知的状态：“可以取现吗？”销售人员就需要反思自己的产品介绍话术是不是出了问题，有没有办法让自己的产品介绍一针见血、加深客户印象呢？

有一个产品介绍的方法叫作“TFBR 利益探究法”。我们知道产品的展示内容应当在“精”不在“全”，把推荐的产品所能给客户带来的利益与其需求相匹配，否则一股脑儿地和盘托出，或者没一句说在点上，不仅浪费口舌还达不到效果，岂不失望？

【方法解析】

TFBR 利益探究法要求介绍时所呈现的内容最好是根据之前客户所说的内容来设计，结合客户的需求体现产品给客户带来的利益，描述能满足客户需求的产品特性，解决其面临的问题，这样客户才会得出“你的产品是我最好的选择”的结论。

一般情况下，销售人员可以通过“回顾→特性→利益→反馈”四个步骤对产品进行介绍。

回顾（Track）：总结刚才面谈中客户的关注点或需求点。

特性（Features）：描述能满足客户需求的产品特性，解决其面临的问题。

利益（Benefits）：强调产品能带给客户的利益。

反馈（Reaction）：观察客户的反应，利用提问来获取反馈。

【话术示例】

回顾——“您曾提到您对以前的信用卡积分换里程不满意，可以兑换的航空公司比较少。”

特性——“我们的信用卡可以兑换国内六大航空公司的里程。”

利益——“既方便又有多种选择，让您得到最大的航空里程优惠。”

反馈——“您觉得这么多选择会给您带来什么好处？/您觉得这么多选择可以满足您的需求了吧？”

【话术点评】

这样的话术非常自然，通过回顾客户之前提到的对积分换里程的需求，进而引出本行卡产品的特性可以满足客户需求，并强调其给客户带来的利益，适时提出开放式问题来要求客户反馈，一方面加深印象，另一方面让客户无法拒绝。

案例：张明上门拜访一位预约客户，正向这位客户推广一张超市联名卡，突然旁边另一位员工向这位客户抱怨了一句：“哎，下周一又要出差了”。听了他的话张明收回了继续推广超市联名卡的想法，而是转问：

“你们经常要出差吗？是的话那可以办一张我们的航空卡，不仅能够享受我们的常规活动，比如积分兑换星巴克，而且还可以用消费的积分换机票。平时出差很多的话，一年积累下来的积分可以兑换一张旅游机票呢！”

这几位客户一听瞬间来了兴趣，张明顺利地拿下了这两位客户，而且还获得他们的帮忙，向其他办公室人员推荐信用卡。

行动练习

1. 尝试练习介绍本行卡产品的特点与权益。

2. 写一个清单，分别列出本行可以覆盖客户各种需求的产品，比如吃喝玩乐购、衣食住行，并熟背于心。

3. 积极与同事交流心得，相互借鉴，看看同事的经验中是否有值得自己学习的地方。

拒绝处理

“小李，你最绝望的时刻是什么？”

“当然是每营销一次就碰壁一次啊，感觉整个人都不好了！”

在销售过程中，遭遇拒绝非常常见，也不可避免，不管是客户内心真实的想法还是习惯性的反射行为。在面对客户的拒绝或异议，以及其他外来方面的阻碍时，除了给自己灌一碗鸡汤或者喝杯红牛补充能量，销售人员还需掌握一些处理技巧化解眼前困难。

遭遇前台或保安拦截时的应对方式

方法1：充足的准备。销售人员事先了解写字楼里面的单位信息,友好地与前台沟通,从容不迫地说明来意后登记进入。

当方法 1 不能有效实施时,拿出方法 2。

方法 2:随机应变。将准备的伴手礼送给前台人员,对其进行适当的赞美,建立良好关系。或者可以假装自己是来应聘或者送资料的人员,灵活避开他们,瞒天过海。

案例:陈亮是某银行信用卡中心的客户经理,一次他准备在一栋高档写字楼进行展业,走到大门口遇到保安盘问,得知不是入驻公司员工后,保安拦住他:"不好意思,访客需要有公司的员工引领才能进去。"陈亮吃了闭门羹,但是他没有放弃,绕着大楼走了一圈突然找到了一个突破口:或许可以从停车场进去。果然,陈亮顺利地进入了大楼开始从顶楼往下进行扫楼。

还有一次，陈亮在外扫楼的过程中遇到保安阻拦，陈亮寻着眼力见儿递上一包烟："保安大哥，我进来只是寻求业务的，我是某某银行的客户经理，这是我名片，你们一天都需要守在这里真辛苦，来抽根烟吧。"

正所谓吃人嘴短，拿人手软，"下次进来记得要电话预约公司，不然我们也不好办事啊。"一位保安说道。

"嗯嗯，我下次一定注意，大哥，不知道这栋楼有哪些公司，能不能告诉我一下这些公司的信息啊。"

保安爽快答应了，让陈亮去一楼大厅了解写字楼入驻公司的信息。陈亮了解到单位信息后，更加成竹在胸，通过逐一分析，确定了重点拜访目标。

★陌拜需要勇气、自信和坚持，陈亮一开始被拒绝后没有放弃，而是寻找其他突破口，争取绕开保安。虽然陌拜前对写字楼完全不熟悉，没有考察了解情况，但是通过灵活地随机应变，拉近了与保安之间的关系，更重要的是获取了一些重要信息，有助于后续拜访。

如果以上两种方法都不能过关，也就是遇到强硬的阻拦，不允许进入楼层时，销售人员不可强行进入，甚至发生冲突，而应当礼貌回应："抱歉，下次我会事先联系好客户再来拜访。"

(敲黑板！此处并不表明销售人员就此放弃，吃一堑长一智，销售人员后续可以有所准备地再次登门，让他们看到诚意。)

常见的客户拒绝及应对回答

除了遭遇前台和保安的阻挡，销售人员遭遇最多的就是客户的拒绝或异议回答了。客户拒绝的理由可能多种多样，我们在日常工作中，应当养成收集客户拒绝原因的习惯，进行应答话术的思考，分析成功的应答话术并多加练习。对于客户拒绝的处理，可以遵循“理解＋解释＋建议”的原则，先真诚地站在客户的角度对其反应表示理解，然后向客户陈述事实并解释，消除客户顾虑，再向客户提供解决建议，这样更容易让客户接受。

我们接下来盘点一下实际营销过程中有哪些常见的异议。

【话术示例 1】

客户：“信用卡安全不安全？”

销售人员：“您很有安全意识！但是请您放心，我行信用卡设立了多重安全保障：签名/密码随心选择、消费短信提醒、异常消费监测、失卡完全保障……全方位地保证您用卡安全。我们有 24 小时的信用卡客服中心，如果您的卡不慎丢失，可以第一时间电话挂失，保障您的用卡安全。”

【话术示例2】

客户：“你们行网点那么少，还款会不会不方便？”

销售人员：“还款不仅可以通过柜台进行，还可以通过存取款机、网上银行、电话银行、微信公众号等方式进行。另外您还可以把信用卡和我行的借记卡相关联，就可实现自动还款。”

【话术示例3】

客户：“我不需要。”

销售人员：“信用卡是国际通行的支付手段，安全方便。”/“我们的信用卡有市场活动折扣和优惠，还有填表礼。”/“拥有信用卡是身份的象征，您看您是办××卡还是……”

【话术示例4】

客户：“卡太多了。”

销售人员A：“一个客户有几家银行信用卡很正常，但是我觉得办信用卡就像买东西一样，一定要货比三家，哪张卡好用、哪张卡给客户的回馈多就用哪张，我们的卡有保障，用卡更安全，还有丰富的市场活动。”

销售人员B：“卡是什么时候办的？免息期多长？购物是否有积分？额度多少，够不够用？可以多办一张我行信用卡来增加信用额度。”

【话术示例5】

客户:“你把资料放在这里,我现在很忙,等有时间再看,再给你打电话。”

销售人员A:“哦,是吗?那非常对不起,打搅你了,没关系,反正我们这两天都会在你们单位统一办理,你先忙,等你闲的时候再来帮你办。”(判断为客户确实忙碌)

销售人员B:“我最多耽误您两分钟的时间,而且这两分钟时间会带给您今后几年的方便与实惠,您看这都是您单位同事办的,您只要在这里填一份表格就可以了。”(判断为敷衍)

销售人员C:“这张信用卡是有资质的企业员工才能办理的,我们今天上门办理手续简便,如果之后再想办理会麻烦不少,最多只需要两分钟时间,只要填一个表就行了。”

【话术示例6】

客户:“我觉得你们送的礼品对我没有吸引力,我都有了。”

销售人员:“是吗?一看你就是会持家的,因为这些附加礼品给我们日常生活带来了非常大的帮助,这些也都是银行精心设计的,本身是免费送的,你有了也没关系。最主要的是这张卡实实在在地给你带来了方便和实惠,你看你可以应急、积分、打折等,再说你也可以把礼品赠送给亲朋好友啊。”

【话术示例 7】

客户:“我没有用卡习惯。”/“我有借记卡,为什么要办理信用卡?”

销售人员:“可以把信用卡当成一种灵活的理财产品和方便灵活的结算工具,或者说是一张应急卡,当手头现金不足的时候,可以用这张卡救急,不需要向别人开口借钱。”

【话术示例 8】

客户:“能不能办更高额度?”

销售人员:“我能理解有时候一张更高额度的信用卡用起来会比较方便,我们银行也会根据您的情况进行综合评定,所以我也不能保证,您可以先办理,后续银行会根据您的使用情况来给您提额。”

【话术示例 9】

客户:“别的银行如何?你们的权益优惠太少。”

销售人员:“可以问一下您所说的是哪家银行,有何优惠吗?”/“其实,我们有……是他行没有的,正适合您。”/“您办信用卡不仅要看优惠,更要看产品。”

【话术示例 10】

客户:“我考虑一下。”

销售人员:“我们银行近期有五折优惠活动,逢周六在指定门店刷卡消费一定金额,可享满额直减,只从这个月 15 号持续到下个月底哦,建议您尽早申请,享受优惠。”

这些客户的拒绝是不是听起来很耳熟呢? 多积累、多盘点、多思考,下次面对这样的拒绝时就能游刃有余地回答了。

行动练习

1. 回想并总结自己日常销售工作中收到的最常见的三个异议是什么? 你是如何应对的?

2. 牢记各种异议问题的回答话术,学会根据不同场景灵活运用。

3. 陌拜时观察对方的穿衣打扮、言谈举止、桌子上摆放的物品,大致对其有个判断分析,并据此寒暄。

不同客户类型的异议处理

客户拒绝的理由千千万万,仅仅盘点拒绝原因,对客户一律采取同样的对策,恐怕还不够。所谓“见人下菜”,分析不同客户的类型,采用不一样的对策,是异议处理时不可忽视的环节,有利于争取更多主动权,让客户跟着你走。接下来让我们擦亮自己的眼睛,看看不同客户应该怎样应对。

防御型客户

【客户分析】

防御型客户一般较为固执、坚持己见，不会简单接受别人的意见，这类客户最常见的回答是“不需要，我有很多信用卡了，我要上网看资料”。其本质是对我们不够信任。

【对策】

销售人员可以从建立信任感开始打开突破口。销售人员在说服他们时，如果不带任何过渡就直接进入主题，只会让他们更加坚持自己的想法，使以后的说服工作难以开展。正确的做法是从与说服主题关系不大的事情慢慢谈起，用平和的态度迎合对方，做到以理服人，分析清楚客户所没有认识到的另一面，并明确、有逻辑地表达出来，就不难达到说服这类客户的目的了。

意愿型客户

【客户分析】

意愿型客户一般会对你所讲述的产品比较感兴趣，但可能还没有下定决心或者欲望没有被唤醒，简单来说就是不反感你和你营销的卡产品。因此其异议一般表现为提出一些关于信用卡相关的问题，这也说明客户在认真听你的介绍，并且用心思考。

【对策】

此类客户较为容易营销成功，当问题出现时表明他们对此有兴趣，其实际意愿是想办理，销售人员此时应当抓住机会，点对点回答问题，消除客户顾虑，配合促成。

犹豫型客户

【客户分析】

犹豫型客户的问题在于想继续考虑一下，他们害怕自己办卡以后会后悔，不愿意冒险尝试，持有怀疑态度，所以不敢轻易办卡，或者推脱想以后再办，但其本质是无法做决定。

【对策】

与这种类型的客户打交道，一定要时时抓住交流的主动权，充分引导客户随着你的方向走。销售人员此时可以帮助客户做决定，利用从众心理反复强势促成，或者介绍一些他人办卡的实例，因为此类客户往往具有从众心理，当知道其他人用卡体验非常良好时，容易打消犹豫不决的念头。

行动练习

1. 扫楼时尝试从高楼层向低层楼依次进行陌拜，对比以往从底楼向高楼进行陌拜时的效果和心态是否会有所不同？

2. 日常生活中注意察言观色，与陌生人主动开启话题。

第五章

电话销售

在日常的销售工作中，电话销售是销售人员几乎每天都要做的工作，通过对潜在客户的电话邀约增加客户数量，或者对存量客户进行活动推送和营销增强客户活性。而现实的情况往往不尽如人意，话还没有讲完或仅仅开了头，客户就会以"没有时间""我不感兴趣"等理由拒绝或者挂断电话，这往往给销售人员带来不少的精神压力。是否是你的开场白不够吸引，还是交谈引发客户不耐烦，又或是拒绝处理不到位？销售人员在反思之后，如果学会运用娴熟的电话销售技巧，有助于抓住客户，延长通话时间，并得到良好的反应，实现事半功倍的效果。

开场白

小编曾经接到楼盘营销电话:“女士您好,嘉兴×××地区的楼盘您有需要的吗?”想都不想我会立马挂断电话,我一个上海常住人口并且还是上海的电话号码,却问我对嘉兴的楼盘感不感兴趣? 我真的没有那么多闲钱啊!

这样的电话营销显然效果不佳,其原因除了在于销售人员事前了解工作没做好外,销售开场白的话术也是毫无吸引力。电话销售容易遭到拒绝,所以开场白必须要在 30 秒内做到自我介绍和告知目的,引起客户的兴趣,让客户愿意谈下去,如果时间稍长,客户会在你的喋喋不休中不耐烦地挂断电话,所以开场白至关重要。简单来说电话销售的开场白设计要做到说辞设计简练、抓住客户关心的要点。

下面有几种常见的电话销售开场白技巧,除此之外,销售人员还可以参考上一篇章所提到过的他人引荐等方法。

直截了当法

【方法解析】

直截了当法要求开场白设计精炼,亮明身份来意,销售人员要在短时间内清楚地让客户知道下列三件事:①我是谁?我代表哪家银行?②我打电话给客户的目的是什么?③我行的产品对客户有什么用途?

【话术示例1】

销售人员:"朱先生吗?我是某银行的信用卡客户经理李明,打扰你工作/休息,我行现在做一次市场调研,能否请您帮个忙呢?"

客户:"可以,是什么事情?"/"我很忙或者正在开会。"

销售人员:"那不好意思,我一个小时后再打给你吧,谢谢您的支持。"

【话术示例2】

销售人员:“先生您好,我是某银行的信用卡客户经理李明,现在成为我行信用卡新户在成功核卡后的两个月内,刷卡达标即可获赠新秀丽双肩包一个,请问您有办过我行信用卡吗?”

客户:“没有,你介绍一下这个活动吧。”

【话术点评】

当客户回答很忙的时候必须主动挂断电话,过段时间后再打时必须营造一种很熟悉的气氛,缩短距离感:“先生您好,我是刚刚打电话的××。”另外当银行有活动推送时,销售人员应及时传递出产品能给客户带来的好处,有的放矢,让通话继续进行。

故作熟悉法

【方法解析】

这种方法需表现得销售人员与客户彼此认识,销售人员要主动进行寒暄,这样一开始客户会进行思考而不是立马挂断电话,容易拉近关系,让客户放下戒备。

【话术示例】

销售人员:“朱先生,您好,我是某公司的信用卡销售顾问李明,最近可好?”

客户:“还好,您是?”

销售人员:“不会吧,您贵人多忘事啊,我李明啊,您上次在我这里办的卡,对了,您使用了我们的信用卡,感觉还好吧?最近我们刚推出一系列信用卡优惠活动,不知您可感兴趣?”

客户:“你可能打错了,我并没有使用你们的产品。”

销售人员:“不会是我搞错顾客回访档案了吧。那真不好意思,我能否为您介绍一下我们的产品,给您提供一些服务?”/“那请问您一般用的是哪家银行的信用卡呢?”

【话术点评】

当客户否认相识时,销售人员应迅速道歉是自己弄错,然后再询问客户是否需要了解本行的产品,或者顺水推舟问客户的用卡习惯。

从众心理法

【方法解析】

很多人都具有从众心理,客户之间的相互影响和相互说服力可能要大于销售人员的说服力,比如当你看到一家门庭若市的餐馆,看到人头攒动的商铺,都会不由自主地被吸引进去,因为对于大家普遍认可的产品,客户更容易接受。同样的，若销售人员能巧妙利用客户的从众心理，那么信用卡营销成功也就变得相对容易了。

【话术示例】

销售人员："您好先生，我是××银行的信用卡客户经理李明，我今天打电话给您主要是因为贵公司有不少同事在用我行的××卡，反响挺不错的，我想了解一下你目前有没有使用我行的产品？"

客户："暂时没有，我用的是××银行的。"

销售人员："我行的产品权益非常优惠，我花一分钟向您介绍一下我行的产品及权益吧。"

【话术点评】

借助已成交的一批客户去吸引其他客户，然后再解释为什么自己的产品这么受欢迎，无疑能增强销售人员的成交说服力，也能引发潜在客户的好奇心和兴趣，从而招来更多的具有从众心理的客户。但是销售人员也需要注意，利用从众法时，不是拿任何人举例，而是结合客户身份，列举客户所知晓的人物。

巧借东风法

【方法解析】这种方法重在强调打电话的理由，比如借由市场活动告知、优质客户回访，而不是直接表明自己想推销卡产品的来意，这样客户容易有兴趣继续对话。

【话术示例】

销售人员："林小姐，您好！这里是××银行信用卡中心的，我姓陈。林小姐，为了感谢您长期使用我行信用卡，我们特别针对像您这样的贵宾，推出××活动，您在办理我行××卡的同时，可获得额外的××礼品，并且能够享受××服务。活动主要针对您这样的优质客户，所以我这边优先推荐给您，请问您有兴趣了解一下吗？"

【话术点评】

销售人员不仅抬高了客户，还顺势将市场活动推送给客户，如果您是客户，是否觉得心里得到满足的同时还能够被这款产品所吸引？

行动练习

1. 准备好打电话的客户名单和开场白话术，用本子记下来。

2. 打电话时注意在安静的办公区域进行电话沟通，并注意礼貌问候、微笑说话，不要边吃零食边打电话等。

3. 不断练习开场白话术，并将话术控制在 30 秒内。

请求约见

电话销售的最终目的是推广卡产品，这就需要与客户面谈，所以电话销售的成功与否，就是看能否约到客户进行拜访。在经过上一篇章所提到的产品介绍和需求挖掘方法后，此时销售人员可以适时采用封闭式提问和开放式提问来询问客户是否有时间见面。

如果客户表现出明显的办卡兴趣，销售人员可以采用开放式提问询问客户哪个时间方便拜访。

【话术示例 1】

销售人员："先生您看您这周什么时候有空？单位地址是哪里？我上门为您办理。"

客户："明天下午五点有时间，我单位是××。"

销售人员："那行，到时候我到您公司再联系您，您带好工牌、身份证件就行了。"

如果销售人员察觉到客户犹豫不决，没有完全被说服，此时可以采用封闭式提问，来"迫使"客户给出期望中的回应。

【话术示例 2】

销售人员："先生，您看这样好吧，明天下午我带着产品资料和我们的办卡礼品去您那一趟。

客户："我明天没时间。"

销售人员："您看周三下午方便吗？不会耽误您多少时间，周三下午您几点有时间？

客户："三点可以。"

销售人员："好的，那周三见吧，到时候我给您电话。"

【话术点评】

客户不一定一次就能约成功，销售人员可以结合封闭式提问和开放式提问进行邀约，客户答应的概率会更高。

行动练习

1. 回想自己日常怎么约朋友见面，将约朋友的话术与电话销售中请求客户约见的话术相联系，看看是否有借鉴。

2. 练习自己电话里的声音：对着录音机录下自己的声音。为了更加准确地知道自己的声音，你可以将录音机放在电话旁边，听听你每天打电话时的状态。

电话拒绝处理

电话销售时经常会遇到客户的拒绝、质疑,但是我们需保持良好的心态,对客户的拒绝采用应对话术。一般客户的反对意见分为两种:非真实的反对意见和真实的反对意见。虽说“女孩儿的心思你别猜”,但是客户的心思你可要好好猜猜,辨别什么情况下是客户的非真实反对意见,什么时候是真实反对意见,然后进行相应回答。

非真实的反对意见有以下几种。

客户的习惯性拒绝。很多人在接到推销电话时,第一反应是拒绝:“哦,不需要,谢谢。”这种冷冷的口气可能是由于平常接到太多推销类电话引起反感,因此再接到类似电话的时候很容易习惯性拒绝,此时转移客户注意方向,激发客户听电话的兴趣就很重要了。

客户情绪化反对意见。我们打电话给客户的时候,并不是很清楚客户现在到底心情是好是坏,适不适合现在进行沟通。所以需要从客户的语气及态度听出他是否有情绪,如果此时客户心情不佳,销售人员应及时致歉:“不好意思,打扰您了,如果您有需要欢迎随时拨打这个电话,我可以上门为您办卡。”这样可以避免“踩雷”。

客户好为人师的反对。当客户指出产品不足的地方时,并不是真的不满意而是已经对产品有所了解，这种时候其实更容易打动客户。销售人员可以先对客户的不同看法洗耳恭听，表示赞同："嗯，您说得很有道理，什么产品不可能十全十美。"然后再提出自己的不同意见，体现产品的不同之处，这样既满足了客户的虚荣心，也达到了自己销售的目的。

真实的反对意见主要体现在需求方面，当客户接到电话没有立马挂断而是耐心听完销售人员开场白，但之后仍然表示拒绝或异议时，怎样来应对呢？下面有几种常见的应对话术。

【话术示例1】

客户："我今天有点忙，没有时间。"

销售人员："没关系，您看明天下午方便的话，我带着产品资料去拜访您可以吗？"

——*另约时间，给客户缓冲期。*

【话术示例2】

客户："我需要考虑一下。"

销售人员："您是担心哪一方面？这样好了，我带着产品宣传资料去您那，您好做个直观的了解。您什么时候有空，我上门拜访您。"

——*找到客户的真实顾虑，最好再约面谈，找出解决方法。*

【话术示例3】

客户:“我知道了,等有时间再充分了解你们的产品吧。”

销售人员:“只耽误您几分钟的时间即可,我把我们的卡产品给您介绍一下。”

——*强调较短时间就能解决疑问。*

【话术示例4】

客户:“暂时不需要,有需要我会打电话给你的。”

销售人员:“您真的不需要吗?我们这个卡产品是专门针对您这样的商旅客户,您可以享受到出行的权益和优惠噢。”

——*调整话术,重点讲卡产品能给他带来什么。*

【话术示例5】

客户:“谢谢,我真的不办卡。”

销售人员:“那任何时候您如果有意愿了解我们的卡产品可以随时给我打这个电话咨询。”

——*争取延长通话时间,建立关系。*

案例:小李是一位信用卡销售人员,日常进行电话销售的时候总是以失败告终,小李不知该如何提高自己的电话销售成功率。主管知道后,建议他每次用通话录音来寻找自己的不足。小李在连续听了几次电话录音之后,终于发现了自己的不足，不关心客户的实际需求，只是一味地向客户推销信用卡，描述自己行的卡产品有多么好，这样容易让客户心中产生反感和抵触情绪。

认识到自己的不足后，小李在后续的电话销售中总是提醒自己，要从客户角度出发，找到他们的需求，并满足。后来，小李的电话销售成功率果然提高了不少。

行动练习

1. 每天、每周定期进行营销电话统计，如成功约访量和拒绝量，评估电话成效，据此进行改进。

2. 熟记电话拒绝的应对话术，与周围同事演练电话销售。

第六章

厅堂销售

网点作为银行零售业务的基础单元，在降低客户获取成本、提升客户贡献度和忠诚度上有着得天独厚的优势。客户在进入网点办理业务时，网点工作人员应当充分利用客户停留的时间，把握机会，识别客户，并在客户办理业务的间隙见机行事，穿插营销。

客户识别

客户在网点办理业务的流程主要分为咨询取号、等候办理、业务受理和业务办结。在流程的各个环节，结合客户办理的业务，销售人员可以采用不同的客户识别方法。

咨询取号环节识别话术

客户一进入网点，大堂经理就应上前询问客户要办理的业务，并陪同客户取号。当网点客流量较大时，最佳营销时机就是客户等待办理业务的间隙；当客流量较少时，营销时机则是陪同客户取号或前往柜台的过程中。由于咨询取号的时间较短，大堂经理或驻点销售人员应根据客户的年龄、衣着、配件、举止特征和咨询办理的业务信息，迅速识别客户，发掘客户的潜在需求，对目标客群展开营销。

【话术示例 1】

大堂经理："您好！您要办理什么业务？我帮您取号。我行信用卡正在举办××活动，这是宣传材料，现在办理可以享受很多优惠，您看看有没有兴趣？"

当碰到的客户是经常来网点的老客户，可以采用如下话术。

【话术示例 2】

大堂经理："先生，又见到您了，您一直在我行购买理财产品、办理业务，是我行非常优质的客户，需不需要办理一张我行白金卡，以后来办理业务可以享受免排队的绿色通道哦！"/"女士，我记得您上次说您平常喜欢看电影，刚好我行××信用卡最近做活动，每月达标可享电影券，您可以办一张。"

案例：网点来了一位老客户，客户经理与其较为相熟，并了解到客户有两个孩子，女儿在上班，儿子在国外，得知今天是来给儿子办理转账汇款后，客户经理向其推荐本行信用卡，让她儿子拥有一张附属卡，方便其在国外的日常开销。另外客户经理通过之前的交谈留心到其女儿日常购买习惯，于是抓住时机推荐行里最新有市场活动的卡产品，让客户告诉其女儿过来办卡，客户欣然答应。

★与客户的关系建立和信息积累在网点营销中非常重要，尤其是在网点熟客营销过程中，最大的优势就是销售人员已知的信息，如何将这些已知信息转变成最好的话术，让营销变得更加容易，是销售人员值得琢磨的。

等候办理环节识别话术

客户在等候办理业务时，对于大堂经理来说有充分的营销时间，如果等候人数较少，可针对性地进行充分营销。当等候人数较多时，大堂经理可以识别最具价值的客户进行营销，或者提高音量，让更多人听到自己的介绍，吸引周围的注意力。

【话术示例】

大堂经理："您好！我行信用卡正在举办××活动，请问您有了解过吗？"

客户："没有，什么活动？"

大堂经理：现在办卡可以享受十元观影、必胜客周末满×××减××的活动，专门用来享受优惠也是个不错的选择，这也是我们回馈老客户的一份心意。您今天过来可以顺便给您办一张，很方便的。请问您平时……"

业务受理环节识别话术

客户在办理业务时,高柜柜员由于能够获取客户资金往来信息,因而能够更精准地识别客户。若发现客户属于目标客群,高柜柜员可以抓住客户在单据上签字或咨询相关业务的时机,用“一句话”营销确保效率和服务质量:“您是我行优质客户,为向您提供更好的服务,我们特别邀请您办理我行信用卡,您可以享受到××优惠与服务,方便的话请允许我为您做详细的介绍。”

客户申请办理借记卡,住址和工作地点显示为高档住宅区或高级办公区,客户气质优雅、穿戴讲究,柜员可以采用如下话术。

【话术示例】

高柜柜员:“先生,您现在办的这张卡只是一张普通的借记卡,没办法享受我行对高端客户的很多优惠。”

客户:“有什么优惠?”

高柜柜员:“如果您办一张我行信用卡,可以在全国很多城市机场享受贵宾服务、多种费率和贷款利率优惠,还可以在专门的窗口办理,为您节省很多时间呢!要不耽误您两分钟时间,我请同事为您详细介绍一下吧!”

案例：一位客户来到网点办理业务，柜员在受理业务的过程中注意到该客户的单位为公务员编制，于是等待授权的空隙向客户询问是否持有本行信用卡，在得到了否定的答复后，柜员向客户进行了营销。

“公务员卡是专门向公务员、教师等特定群体发行的信用卡，免年费，免取现手续费，有资金需求的时候也可以更加方便支取。”这时客户经理察言观色地走过来推波助澜，并将其引开：“一般人想申请公务卡都不够条件呢！”在轮番攻势下，客户终于被打动填了申请表。

★“内外齐心，其利断金”在此次厅堂营销过程中得到了淋漓尽致的体现，柜员在业务办理的过程中识别客户，初步进行营销，然后客户经理适时察言观色的一句话激发，在两者相得益彰的配合下打开了营销局面。

业务办结环节识别话术

在客户办理完业务的时候，高柜柜员此时已通过系统了解到客户信息，可以判断是否是目标客户，进行产品推广。

当网点排队办理业务的人员较多时，为了避免后面客户等待时间过久，高柜柜员可以将客户推荐流转给低柜人员或客户经理，让其与客户进一步沟通，指导客户办卡。也可以请客户留下联系方式，让销售人员后续跟进。但需注意的是应当提前分工，切忌多方围追堵截。

【话术示例】

高柜柜员："先生，您是我行系统中认可的优质客户，我们特别邀请您办理我行的信用卡，您有时间的话我请同事给您介绍一下好吗？"

行动练习

1. 在网点营销时，记住经常来网点的常客，主动认识，多加攀谈，能说出其职业和喜好。

2. 牢记重点产品信息，并能组织好语言对产品进行详细介绍。

3. 搜集目前关于信用卡市场营销活动的信息，找到跟本行卡产品相关的活动信息。

客户需求激发

客户的需求可以探询，可以刺激，也可以创造，在识别网点客户之后，销售人员可以利用客户在厅堂等待的短暂时间，以简短的话语刺激客户需求，创造销售机会。

恐惧销售法

【方法解析】恐惧销售法也就是找痛点，客户在体验产品或服务的过程中原本的期望没有得到满足而造成的心理落差或不满，这种不满在客户脑海中形成一种负面情绪，让客户感觉到痛，这就是恐惧销售法。它的实现是客户的心里对产品或服务的期望和现实的产品或服务进行对比产生的落差而体现出来的一种“痛”，其核心是基于对比。

例如遇到客户来办理取现业务时，销售人员可以先询问原因。

【话术示例1】

销售人员：“先生您着急取现的原因是什么呢？”

客户：“我家人生病了，急需一笔现金支付住院费。”

销售人员：“您家人生病住院一下子就需要提出一大笔现

金，耗掉您的积蓄，不如办理我行信用卡，享受现金分期，且利率较行业水平低，既可以解您燃眉之急，也可不动用您现有积蓄，增加您的流动资金。”

如果遇到客户前来办理外汇、购汇业务，可以询问客户是否打算出境游。

【话术示例2】

销售人员：“先生您办理外汇是否近期打算出境呢？”

客户：“打算出国旅游。”

销售人员：“外出随身带太多现金不方便，而且万一现金不够多也很麻烦呢。”

客户：“那怎么办呢？”

销售人员：“您可以办理一张我行信用卡，不仅解决了资金安全问题，还款也很方便。”

【话术点评】

销售人员通过观察客户行为，发现需求，然后对比客户当前的行为和销售人员所提供的办卡行为给客户带来的不同结果，给潜在客户制造出一种鱼和熊掌不可兼得的感觉，让客户感觉不办理信用卡就会后悔，这样能更好地激发客户办卡的欲望，容易达到目的。

案例：网点来了一位急匆匆的中年女士，客户经理了解到女士想要办理大额取现，好不容易提前下班赶过来，但是现在排队的人太多。客户经理一边帮其叫号加以安抚，一边在陪其等待的过程中了解到该客户的家人最近住院需要支付一笔手术费，另外家里刚买的房子需要装修。

“您这么大的资金需求，一下子要花掉您好多积蓄呢，万一资金周转不过来就麻烦了，不妨了解一下我行的现金分期产品，额度有10万元，利率相对大多数银行较低，方便您资金周转。”女士听了之后对现金分期产品提起兴趣，并开始详细咨询。

利益销售法

【方法解析】

利益销售法在任意场景中都是较为适用的，它是销售人员向客户分析产品利益的方法，发现客户关心的利益点，针对客户需求意向，逐条列举理由进行说服，找出客户办卡的动机。销售人员在推广产品时，可以将产品本身的特点、所具有的优势、能够给客户带来的利益有机地结合起来加以阐述，着重强调产品带来的利益。

【话术示例1】

销售人员：“女士，看您一大早就喝咖啡，给您推荐我行

××信用卡吧,可以享受周五星巴克买一送一哦。”

【话术示例 2】

销售人员:“先生,我行的车主卡可以享受每周三指定加油站加油返现,给您的爱车日常加油省下不少开支呢。”

【话术点评】

销售人员通过对客户喜欢喝咖啡以及开车人士的识别,将卡产品的特点优势与客户的需求结合起来,介绍其卡产品刚好可以满足客户的这种需要,给其带来期望的或意想不到的好处。

直接销售法

【方法解析】

直接销售法是一种简单有效的方法,销售人员在识别客户之后开门见山,直接邀请客户做出决定,劝说其办卡,这种方法能节省时间,提高效率,加快成交速度,是一种被广泛运用的方法,但是需避免操之过急。

【话术示例 1】

销售人员:“先生,您在我行的资质可以办理金卡,请问您今天带身份证了吗?”

【话术示例 2】

销售人员:“先生,您是我行的优质客户,特邀请您办理我行高端白金卡,可以享受我行的尊贵服务。”

【话术点评】

如果客户已对产品产生良好印象,销售人员可以直接向客户邀请办卡,同时暗示客户现在就做出办卡决定,提问客户是否带身份证意味着客户已经确定办卡,这样的诱导性问题能减少客户压力,也使得客户更容易说出“好的”,做出有利于成交的回答。

厅堂营销注意事项:厅堂营销中团队协作尤为重要,办理业务的相关人员要注意密切配合。大堂经理适当举办厅堂沙龙、柜员的“一句话”营销、客户经理对重点客户的重点营销都构成厅堂营销的一部分。通过厅堂以点带面的营销,大堂经理、高柜、客户经理等互相配合、内外联动可以有效地提升销售效率。

行动练习

1. 熟悉网点业务办理流程，在网点人流量较大时能有效引导客户。

2. 在晨夕会或者例会的时候，主动在所有人面前进行销售心得体会的演讲，锻炼自己的勇气。

第七章

商圈驻点

商圈是城市消费终端的汇集地，也是消费人群的集中地，为银行品牌和产品的集中式认知传播提供了条件，并且商圈集中了商场、超市、专业卖场等多种业态，大量醒目的优惠信息广告让消费者在获得信息之后可以付诸体验，从而让信用卡营销在短时间内快速达成。在公共场所的驻点营销如果没有好的前期规划和现场作业技巧，很容易让驻点失去吸引力和存在感，人流只能跟你“擦肩而过”，在商圈如何开展驻点营销吸引客户是销售人员需要掌握的进阶技巧。

前期规划

在偌大的商圈如何选择驻点位置是需要讲究的，驻点的时间也并非一天 24 小时都合适，否则失去了提高获客效率、扩大品牌宣传力度的意义。此外，人员的分工也需要事先进行安排，以免现场作业失去秩序，因此商圈驻点需要进行前期规划。

地理位置：在选择地理位置时，销售人员首先需要实地考察位置的人流规模、人流高峰期和人流特征是否满足办卡的需求，然后考虑驻点场所的成本是否在可行范围内，与此同时观察驻点位置是否有其他竞争对手存在，最后做出适当的调整。

时间选择：通常情况下，商圈驻点的时间可首选周末和节假日，在这些特定的时间，商圈人流量较多且此时潜在客户的办卡时间最为充裕，办卡欲望最为强烈，成功率也会相对较高；其次可选择工作日下班后，客户时间充裕；再其次为工作日中，可趁中午外出就餐时间，销售人员抓住机会，完成销售。

人员分工：商圈驻点的销售人员数量，可视驻点规模的大小和忙碌程度而定，一般小型规模驻点为 2 人，大型规模驻点为 3～4 人。在出发前明确各个销售人员的分工状况，从布置场地、吸引客户、展开营销、指导填表等方面进行职责分工。

如何吸引客户

销售人员需要精心布置销售场地，材料礼品的摆放都要吸引客户眼球，此外更重要的是要以主动交流的方式吸引客户。

因为商圈客群的复杂性、人群流动性，商圈营销中最重要的是要借助于商圈的市场活动进行利益营销，利用大量的优惠信息广告吸引客户眼球，让其在获得信息之后可以付诸体验，直观、深切地感受到自己获得的利益。因此在商圈驻点中，吸引客户的话术技巧都是围绕客户的“利益”二字来进行的。销售人员应事先设计好营销话术，重点突出，目的明确，一般可以采用以下几种常见的开场话术来吸引客户。

礼品促销法

【方法解析】

礼品促销是较为受欢迎的一种营销方法，利用办卡后可获得一些小礼品来吸引顾客，抓住客户“贪便宜”的心理，往往可以达到产品推广宣传的特定效果。

【话术示例】

销售人员："先生，现在办理信用卡激活后首月线下消费一笔可以送刷卡礼哦，有行李箱、背包、1000 积分供您选择。"

【话术点评】

销售人员可以向客户展示所摆放的礼品，只要满足简单的条件就可以获得礼品，赢得客户对产品的好感和认同。

优惠叠加法

【方法解析】

优惠叠加法是在抓住现有的优惠活动情况下，用不同形式的优惠组合来刺激客户，尤其适用于在信用卡的特约商户进行驻点营销，用热烈的折扣活动感染客户，使其享受到双重优惠，增加产品的心理认同感。

【话术示例 1】

销售人员："女士，用我行的超市联名卡在超市购物不仅可以享受会员价格，还能享受银行对店内消费的多倍积分以及积分抵现等多重权益哦。"

【话术示例 2】

销售人员:“先生/小姐,您好。经常来超市购物吧,您目前来这里购物有现金优惠吗?”

客户:“没有啊。但我有会员卡,可以积分。”

客户经理:“是这样的,我们银行与超市合作推出‘最红星期五’的优惠活动:只要您持我行的信用卡,每周五在店内消费满××元即可享受5%现金返还。您如果有超市的会员卡,还能享受折上折优惠。”

【话术点评】

销售人员向来商圈购物的客户推广卡产品时,强调除了享受现有商户的优惠外,同时还能享受到卡产品带来的专属权益,为客户带来更多优惠。

市场活动法

【方法解析】

市场活动法是获取新客户、稳定老客户的一种有效手段,通过宣传一段时间内信用卡所拥有的活动,以此为卖点刺激客户需求,一般的市场活动可以包括客户的吃喝玩乐等生活日常,贴近客户的日常所需,更易刺激客户的需求。

【话术示例 1】

销售人员:"先生,我行信用卡每周六在全国指定海底捞门店享受单笔满 200 元立减 30 元。"

【话术示例 2】

销售人员:"我今天给您推荐的这个加油返现的优惠活动,是我们银行针对像您这类有车一族的中高端客户精心策划的市场活动。只要您成功申办信用卡,每周五至中石油加油站加油,单笔消费满 200 元即可享受 5%的现金返还。您觉得怎么样?"

【话术示例 3】

销售人员:"快到情人节了,在我行信用卡商城有多款情人节系列的折扣商品,您在上面持卡购物可以解决送礼的烦恼了。"

【话术点评】

销售人员从解决客户日常吃饭、开车、节日送礼等需求为突破口向客户介绍目前较火的市场活动,解决客户所需。

案例:一次商圈驻点之前,销售人员小于和同事们先在商圈进行了大规模的造势,瞄准目标消费人群在商圈中的客流动线,分别在商圈底下地铁走廊、地下停车场、手扶梯、电梯、电影院、商户等显著位置张贴海报进行广告传播。

驻点选择的时间是周末，小于的展台布置着重凸显了办卡的活动信息，吸引了一些人问津。看着展台已经有潜在客户，为了形成人流集聚效应，小于开始大声为客户介绍产品和活动，让路过的行人都能听到。

现场营销氛围非常热烈，其中一位客户由于没带身份证更是主动要求留下联系方式，希望后续小于能够上门办卡。

★商圈作为购物终端，也是信用卡的使用终端，商圈内的信息引导将直接影响客户决策，小于在前期规划时做足功课，在商圈内形成了良好的宣传效应。而且相对于其他场景，商圈场景中的消费者心理状态更为放松开放，小于以市场活动为主要宣传点，对于具有购物消费目的的目标人群来说，更易促成营销。

客户需求法

【方法解析】

客户需求法是对于存在需求的潜在客户，销售人员首先需要通过观察客户的外在特征来了解和确定其需求，即弄清楚客户适合什么样的卡产品，这样有助于销售人员帮助顾客选择合适的产品，同时也有利于销售人员对办卡原因进行强化，更好地推销卡产品，使客户需求更强烈。

【话术示例 1】

销售人员:“先生/小姐,您好,经常来超市购物吧,您目前来这里购物有现金优惠吗?我行的××信用卡产品专为您这种经常来超市购物的客户量身打造,可以享受×××优惠。”

【话术示例 2】

销售人员:“女士,我行这款信用卡产品美观独特的卡片设计刚好适合您这样的职业女性。”

【话术示例 3】

销售人员:“先生,像您这样的开车人士肯定需要购买车险,我行的车友卡可以附赠保险,并且提供 24 小时道路救援。”

【话术点评】

销售人员应当通过观察和提问了解客户目前的状况,探究出客户不满意的地方,也就是探求客户的潜在需求的一个过程,进而针对客户的不满提出解决方法,针对客户需求介绍卡产品能满足其需求点的地方,以此吸引客户。

假设提问法

【方法解析】

假设提问法是以预设的方式提出一些假设性问题，即沟通过程中双方已经共同接受了某种命题，是一种“试探而进”的提问方法，容易将客户引入自己预设的情境中。

【话术示例1】

销售人员:“先生，今天商圈跨年活动，你要是有信用卡就可以享受商圈商户的优惠折扣。”

【话术示例2】

销售人员:“我们的办理手续是很简单的，您的名片带了吗？”

【方法解析】

销售人员为客户假设了一种有信用卡和打算办理信用卡的特定情境，进而介绍在这种情况下客户可以享受到的利益。

行动练习

1. 考察所在区域内几个较大商圈的地理位置,周边有哪些企业,商圈的哪个位置人流量比较大。

2. 在以上介绍的吸引客户的方法中,哪种方法你平常运用得最多、最有效?还有没有发现其他方法可以运用到商圈驻点营销中?

3. 观察商圈中哪个商户的人气较高,哪个产品或商户正在做活动。

4. 与销售团队的小伙伴加强交流,共同规划构思海报、展架、产品折页的展现形式和摆放方法。

现场作业技巧

商圈属于人流量较大的地方,现场作业如果不讲究技巧,场面容易失控,也不利于营销促成,因此销售人员需要从以下几个方面掌握作业技巧,保证驻点营销有条不紊地开展。

布置场地: 销售人员需精心布置销售场地,包括材料的摆放都要以吸引客户为主要目的,宣传物品尽可能摆放在显眼位置并突出所有的优惠活动,通过礼品堆放、活动海报来展开宣传攻势。

针对性营销：销售人员可以在前期通过附近的商家调研该地段的信用卡消费情况以及主要消费人群，选择符合的产品进行针对性营销。

迅速营销：现场销售要快速促成，避免长时间交流导致客户失去耐心，流失客户。

指导填表：当客户填写申请表格时，销售人员应耐心指导客户填表，表内信息的完整性可能影响客户的申请通过率。如用 PAD 填写申请表，销售人员需了解 PAD 的各个功能和填写规范，提高办卡效率。

交换联系方式：无论销售成功与否，建议给客户留下名片，为后续服务提供便利，也是转介绍或是二次销售的良好开端。

第八章

企业团办技巧

优质企业的员工通常具有流动性较低、消费潜力较大的特点，卡片核发的成功率往往较高，因此优质企业往往可以成为团办客户资源。团办不仅能让销售人员批量获客，提高效率，还能方便客户办卡，提升客户体验。但是销售人员总会困惑如何找到团办企业？找到团办企业之后有什么方法进入团办？在团办过程中如何作业能达到满意的营销效果？因此销售人员掌握一些团办策略和技巧非常重要。

识别团办客户资源

销售人员可以根据银行的销售指引政策来决定进驻团办的企业，一般团办资源大体可以分为：政府、学校、医院等公共事业单位，当地国企、上市公司、跨国公司类的龙头企业和百强企业，以及律师事务所、会计事务所等专业机构都可以成为信用卡团办的客户资源。

如何识别团办资源呢？一般来说销售人员可以通过分支机构从众多既有对公客户中锁定优质企业，然后安排与之对接的客户经理协助销售人员获取客户资源；或者是锁定之前营销的优质客户的所在单位进行深入挖掘，也是一种不错的方式。

如何进入企业团办

内部击破法

以开展理财培训的名义进驻，在进驻企业进行理财培训时进行信用卡营销，以信用卡超过 50 天的免息期为卖点，重点推介行内具有理财功能的信用卡，以自身专业性打动客户。

【话术示例】

销售人员："现如今很多人都理财，我行的信用卡可以帮助大家理财。首先可以用信用卡管理日常支出，因为用信用卡消费，银行每月都会寄送账单，从而可以知道自己的钱花哪儿了，消费结构是怎样；其次，利用信用卡的免息期，可以为自己赚钱，我行产品的免息期最长达 50 天以上，如果将每个月的工资除了预留活动资金外用来购买理财产品，日常消费则用信用卡，那么利用免息期，收益将积少成多。"

借力搭车法

以工会福利的名义进驻，例如销售人员在发现某企业已有大量本行信用卡持卡人后，可以与企业工会联系，在调研持卡人积分换礼品需求后，上门进行积分兑换介绍及市场活动介绍，不仅可以有效提升客户满意度和忠诚度，还可以极大地刺激潜在客户需求，吸引更多客户办卡。

【话术示例】

销售人员："您好，我是××银行信用卡中心的××，贵公司是我行优质企业客户，公司很多员工都持有我行信用卡，我了解到很多员工有信用卡积分兑换礼品的需求，现在我们可以免费上门提供积分兑换服务，给贵公司员工带来更多福利。”

直接法

直接以办卡名义进驻，对于部分规模较大、员工出差频率较高的企业，销售人员可以介绍商务卡不仅可以降低员工因公申请大量现金带来的风险，而且办理结算更便捷，能够有效降低管理成本，以此来说服企业管理人员。

【话术示例】

销售人员：“您好，我是××银行信用卡中心的××，我了解到贵公司员工出差频繁，我行现在可以给公司举行信用卡团办，有了信用卡不仅能解决员工日常出差所需现金，还能方便财务人员办理报销。”

关键人物法

企业的关键人物往往掌握着场地资源、营销资源等，可以帮助销售人员进入企业进行团办。一般来说关键人物类型可以分为实权型、“小鬼型”和操作型。销售人员可以重点关注这类关键人物，求得他们帮助以进驻企业。

案例：客户经理小王成功营销完一位金融企业的客户后，了解到其所在企业正是团办目标，于是主动为客户争取到开卡礼，进而请求这位客户帮忙进驻企业团办，客户欣然答应。

★通过自己的老客户进入团办企业是一种非常行之有效的方法，当然前提是让老客户得到了好的客户体验。

行动练习

1. 经常拜访潜在的团办客户企业，与企业前台或保安打好交道。

2. 与银行分支行网点负责对公业务的工作人员多接触，看看他们是否可以介绍优质企业客户。

如何发展关键人

上节提到过关键人物掌握了触达目标客户的通道或资源，往往可以帮助提升办卡效率和数量，那么怎么锁定关键人物，并获取各层级关键人物的支持呢？

其实并不是只有领导才是关键人物，在不同的场合中，关键人可以是企业领导、人事经理，也可以是保安、门卫、前台、食堂管理员等。接下来我们讨论针对不同关键人物类型怎么采取针对性策略。

实权型关键人

实权型关键人一般有一定权力，比如企业的人事或者财务人员，能够直接影响谈判结果。销售人员可以用专业的服务打动这类人物，或者从大局着手，利用合作共赢局面打动对方，然后凭借其行政权力协助办卡。

【话术示例】

销售人员："先生，您好，我是××银行的。现在我们银行针对优质企业有办卡优惠活动，贵单位员工申请我行信用卡可享受××优惠，员工财务报销和个人消费都可以使用。因为贵单位是我行的代发工资户，能特别享受上门办理，手续简便快捷。您能否提供邮箱地址，我把相关资料发给您，您可以向周围的员工同事宣传一下，我们可提供上门服务。"

销售人员："先生您想想，如果贵公司出差人员很多，经常申请大量现金会对公司带来什么影响？是不是会给您的财务工作增加很多不便和麻烦？"

【话术点评】

销售人员可以利用"特殊优惠"和"上门服务"等提升客户

体验，让实权型人物愿意配合，帮助发布行政命令。对于财务人员，可采用危机行销法让其意识到信用卡的重要。

操作型关键人

有些企业普通员工尽管权力有限，但会直接影响推广成效，因为他们对产品的正面或负面评价直接影响企业其他员工的办卡决策，所以销售人员要多从对方角度考虑，先考虑为对方付出，获得对方认同。

借助老客户来获得团办机会是一种较为容易实现的方式，销售人员在对优质客户营销成功之际或者后续维护之时，运用一定的话术技巧争取其帮助从而进入企业团办。

【话术示例】

销售人员："您看我行的卡产品为您解决了用钱的燃眉之急，您的同事肯定也是像您一样的优质客户，您不妨推荐给公司的同事，我可以上门进行团办，不仅方便客户申请，到时我行还有丰富的办卡礼相送。您作为转介绍人，我会帮您争取到我行提供的拉杆箱等豪礼。"

【话术点评】

销售人员先利用产品解决客户自身需求大打感情牌，进而对客户进行赞美拉拢，然后以团办快捷便利的特点说服客户，并为对方争取好礼，以求实现与客户的顺利合作。

“小鬼型”关键人

“小鬼型”人物如保安、前台、食堂管理员等，虽然权力较小，但会影响销售人员进入企业进行业务接洽。销售人员可以准备一些伴手礼给他们，拉近关系，或者绕过这类人物，联系内部人员，让其感觉到你是重要人士。此外对于企业食堂的负责人等关键人物，注意保持摊位附近干净整洁，不要给对方带来额外的工作量。

团办当天进入企业，如在企业门口遇到保安拦截，销售人员应当解释后进入。

【话术示例】

销售人员："您好，我是××银行的客户经理，今天来贵公司进行业务接洽，已经与公司的某某员工对接过了，您可以核实一下，这是我们这次团办的小礼品送给您。"

【话术点评】

销售人员可以利用事先谈好的业务接洽来获得“小鬼型”人物的信任，并送出一些小礼品来“收买”他们，保证能够顺利进入企业。

当进入驻点场所进行场地布置时，比如在食堂进行团办，对于食堂管理人员和工作人员应当进行“拉拢”:“您好,我是××银行的,今天中午在食堂举行信用卡团办,占用一点场地,这是一点小礼品送给您,感谢您的配合”

案例:在一次为学校教师举行团办的活动中,客户经理小王负责联络团办学校。一开始,小王认为校长就是团办要找的核心关键人物,希望他协助自己进行团办。尝试后发现,由于种种原因,校长根本无暇为其宣传。于是他转战到后勤部和工会,发现这两个部门的态度都比较积极,而且关心教师福利,由这两个部门牵头,教师对自己的信任也会提升,可以帮助推广。最后学校团办收获了不错的效果。

团办结束后,小王专门为教师建立微信群,积极帮助老师们解答问题。

★小王在想办法进入学校时,一开始选择了实权型人物——校长,但效果却不尽如人意,最后找到了操作型关键人物——工会,成功进驻学校,并且获得了良好的宣传效果。团办结束后做好客户服务,希望能帮助延伸转介,因为教师的朋友大部分是教师,客户质量有所保证,如果能让老师们享受一次完美的服务体验,那么在接下来的工作里,让他们帮忙转介绍就变得非常轻松了。

行动练习

1. 外出展业前,提前规划好路线,怎样的行动路线可以减少路上不必要的时间浪费。

2. 通过企业的网站了解潜在团办企业的业务、产品、人员架构等信息,从中获得想要的负责人信息。

企业团办前期规划

在得到允许可进入企业团办后,销售人员应尽快规划团办相关事宜,包括时间安排、地点安排、场地布置等,让团办更加有效率,实现更多的获客。

时间: 销售人员应事先了解企业经营周期以及员工日常工作负荷情况,尽量在企业经营淡季、员工相对空闲的时点进行团办。

地点: 驻点位置应尽量选择一些不影响企业日常工作的地点,销售人员可以根据驻点的时间合理选择地点,也可以根据团办企业的类型选择驻点位置。

场地布置: 包括文宣物料、桌椅工具、礼品的布置,摆放位置应选择客户进门时一眼能关注并有机会和时间停留的地方,注意凸显眼球效应,集中展示本行信用卡产品的优势,同时考虑业务开展的便利性和客户信息的安全性。

案例：客户经理在一家大型金融企业团办时，考虑到员工有自己的食堂，而且上班时间金融白领都比较忙，于是决定中午在食堂进行驻点。并在驻点前夕让客户帮忙在企业员工的微信群进行宣传，包括驻点时间地点、产品资料简介以及办卡需准备的证件。

现场作业技巧

在团办企业进行宣传营销时，根据不同的场景可以有不同的营销方式。

在员工工作时间去到办公室宣传，可以采用以下话术。

【话术示例1】

销售人员："您好，我是××银行的客户经理，今天中午我们会在贵公司的食堂举行信用卡团办，今天是最后一天，欢迎午餐时间过来咨询。"

同时将产品宣传单页递给办公室员工，这样既不打扰他们工作，又很好地宣传了团办活动。

到了午饭时间，此时员工来到食堂就餐，在就餐前，员工是没有时间过去办理的，因此销售人员可以先在员工排队之时进行宣传。

【话术示例 2】

销售人员:“您好,今天××银行××信用卡产品现在就在食堂门口现场办理,吃完饭可以过去咨询一下噢。”

等到就餐时间一过,此时员工时间较为充裕,且需要从食堂门口经过,销售人员应提高声量,利用产品卖点,吸引员工驻足。

【话术示例 3】

销售人员:“××银行信用卡现在可以现场办理,新户开卡有开卡礼相送,推荐办卡更加可以获豪礼。现金分期产品分期手续费率低至每日百分之××,到期还本金……”

如果团办地点安排在企业的会议室内,此时销售人员除了可以通过关键人在员工微信群发布消息,现场作业时还可以去办公场所进行前期宣传。

【话术示例 4】

销售人员："您好，我是××银行信用卡中心的客户经理，今天 10 点开始我们会在××会议室进行信用卡团办，我们会在那儿一直待到你们下班之后，欢迎有空过去咨询办理。"

除了根据不同情景采用不同话术灵活应对，销售人员还应注意以下几个方面，以便从容应对突发情况，提高作业效率，提升客户满意度。

提前预热，宣传造势：确定团办驻点的时间地点后，可请事先联系好的关键人物提前 2～3 天通过公司微信群发布团办信用卡的通知，告知员工办理的时间地点，办理需携带的材料，并提供产品说明介绍，以便客户对产品特色有所了解。条件允许的情况下还可以通过在电梯间张贴产品宣传海报进行宣传造势。

灵活把握，注意分寸：在人手和时间充裕的情况下，可以灵活安排人员进入办公区域补件拜访，但需注意不要影响企业正常工作的开展。

在办公区域补件时，可以有意识地用已经处理过的管理层人员办卡情况向员工说明，激起员工的跟风心理。

【话术示例5】

销售人员:“我行今天在贵公司食堂进行信用卡团办,您的很多同事都办理了,还有××部门领导过来咨询,您有没有兴趣了解一下?”

分工明确,有条不紊:为避免出现因客户集中申请发生的混乱,销售人员应做好分工,包括应对客户咨询、指导客户填表及拍照、申请件及附件资料收集整理等,确保相关资料及用户信息的安全性,有条不紊地推进作业。

注意分流,提高效率:团办过程中如果客户较为聚集,应当注意分流,避免发生其他潜在客户因看到人员拥挤望而却步的情况。

突发情况,应急处理:团办过程中遇到客户突发异议情况,应第一时间将客户带至人少的地方,派专人单独沟通,先安抚客户再为其提供解决办法。

【话术示例6】

销售人员:“您好!请问您是我行××卡的持卡客户吗?您是在用卡的过程中遇到了问题吗?能不能具体描述下您遇到的情况?您方便留下联系方式,以便我行的服务人员与您联系,为您处理后续事宜吗?”

案例:团办当天,小王在企业门口被保安拦下,于是告知保安今天是来进行业务拜访，并致电之前的客户，让其跟保安解释说明后，登记进入。小王和同事来到食堂后开始布置现场，将展台、宣传海报、办卡礼品摆放在食堂入口的显眼位置，并将办卡的小礼品送给食堂管理人员。

午餐期间，小王和同事分工协作，为过来咨询的客户服务，现场营销氛围非常热烈。对于现场没带证件的客户，小王更是在下班时进入办公楼进行补件，当天成功营销的客户有100多位。

★补件既是服务意识的体现，又是创造再次抓住潜在客户的机会，这样的充分营销怎会不得到满意的结果呢？

行动练习

1. 搜集亲朋好友所在的可以进行团办的企业单位。
2. 你会选择什么样的方式寻找关键人？

第九章

促成成交

促成成交是销售的最终目的，就像足球赛场上的临门一脚。销售中有一种现象，客户总是更加愿意迟一步开口，不太会先提出成交，或者不愿意非常主动、明确地提出成交，他们希望销售人员先开口，这样会显得有心理优势。所以在集中火力促成成交之前，先辨别客户有没有释放成交信号。当客户对产品产生兴趣之后，会在不自觉中流露一些言语行为，而当客户发出办卡信号时，销售人员要懂得抓住时机，运用一些促成技巧来攻破。

识别成交时机

解读口头信号

当客户产生办卡意向之后，通常会在言语交谈中发出一些信号，这是最直接、最明显的表现形式，销售人员也易察觉。当客户对信用卡产生兴趣后，会提出一系列关于产品细节、市场活动、异议类的问题，比如：

“信用卡收不收年费?”

“免息期最长多久?”

“透支利息率多少?”

“信用卡的特别功能是什么?”

“有些什么权益，积分能否兑换礼品?”

“信用卡是否安全?”

“你们银行的网点太少了，还款不方便。”

“我不需要办卡，平时都是用现金。”

销售人员应该从客户的话语中，捕捉其信号，并运用技巧进一步促成成交。

解读表情信号

表情信号是客户在交谈过程中通过面部表情表现出来的成交信号,这是一种无声的语言,可以判断客户对卡产品是否产生兴趣。当客户在听完销售人员介绍卡产品之后,其表情可能会产生一些微小的变化。

面部表情从冷漠、怀疑、深沉变为自然、随和、亲切。

眼睛转动由慢变快,眼神发亮且有神采,从若有所思变为明朗轻松。

嘴唇开始抿紧,似乎在权衡。

这些表情信号都有可能表明客户此时对卡产品产生了兴趣。

解读姿态信号

除了言语和表情,人们的行为习惯也是心理活动的一种外在反映,可能会从动作行为中透露出一些有价值的信息,当客户已经感兴趣且内心做出决定时:

客户的身体姿态会由前倾转为后仰,身体显现一种轻松状态。

细看卡产品宣传资料,用手轻声敲桌子或身体某部分,甚至摸下巴,帮助自己集中思想。

临门促成方法

在销售面谈的最后，客户已经知道了所有关于产品的内容信息，此时是做出决定的时机，在这里我们总结出十种在促进成交方面有效的技巧，帮助销售人员完成最后的"射门"。

主动出击法

【方法解析】

客户即使早已有意向办卡，但还是会和销售人员打太极，并不迅速成交，此时销售人员可以主动出击，帮客户做决定，这是一种通用的促成方法，几乎可以用于所有的销售场合，它看起来并不意味着操纵对方，也很少会引起客户反弹。

当客户表现出上一节我们提到过的口头信号，对信用卡相关信息提出问题，此时销售人员可以主动出击。

【话术示例 1】

销售人员："您请坐，您在这儿填个表吧。"/"您的家庭或单位电话是多少？"

【话术示例 2】

销售人员:“您看不如今天就办一张信用卡吧,这张卡针对车主有很多活动,最近很多像您这样的客户办了,您身份证带了吗?”

【话术点评】

销售人员邀请客户做出决定,是简单却有力的成交方法,邀请客户签字和询问是否携带身份证,意味着客户已经确定要办卡,使得客户容易说出“好的”。当然,如果对方的回答是“不”,你就要弄清楚为什么客户还没有准备好办卡。

二择一法

【方法解析】

当客户始终犹豫不决、拿不定主意,不知道要不要当场办卡时,可以采取此种方法,因为你给客户提供了可供选择的产品,就是假定客户已经同意办卡,只要选择其中一个即可。人们喜欢做选择,却不喜欢最后通牒式的结论,当你问出“更喜欢 A 还是 B”,客户就更有可能做出选择,而不是说再考虑考虑。

【话术示例 1】

销售人员：“您看，您是办××卡还是××卡？您是要办理这张有年费的卡还是免年费的卡？”

【话术示例 2】

销售人员：“您看，我是明天下午还是后天上午去帮您办理？”

【话术点评】

当有几款满足客户需求或者客户有意向的产品时，可以就卡产品问客户办理 A 卡还是 B 卡。当只有一款卡产品是客户有意向的，可就办理时间、寄送地址等方面使用这种方法。无论客户给出怎样的答案，意味着他已经决定办卡，成交就完成了。

利诱法

【方法解析】

对于看重信用卡带来权益的客户，销售人员除了将礼品放置客户看得到的地方，还应不断强调卡产品优点和成交后能得到的好处，强调当前的优惠时期、开卡礼品限量，从而进一步刺激客户办卡。

【话术示例】

销售人员:“您看,我们目前还有开卡后首刷送礼的活动,截止日期为××,您错过就太可惜了!”

【话术点评】

销售人员可以用刷卡达标后赠送礼品来吸引客户,并强调送礼活动的截止日期,因为大多数人都有一种爱占便宜的想法,而且人们常对越是得不到的东西,越想得到它,销售人员可以利用客户的这种心理来促成成交。

激将法

【方法解析】

我们常说:“请将不如激将。”在推销洽谈的成交阶段,销售人员若能巧妙地运用激将法,一定能收到积极的效果。激将成交法就是销售人员运用适当的语言巧妙地刺激客户,但又不太伤害客户的自尊心,使客户在逆反心理作用下完成交易。

【话术示例1】

销售人员:“像您这样的成功人士怎么能没有信用卡呢?”

【话术示例 2】

销售人员:“您的朋友陈先生办理的就是一张我行的普卡,以您的情况来看,资质要胜过陈先生,相信办一张白金卡应该没有问题。”

【话术点评】

销售人员一般可以采用反问的方式激将客户,迫使那些不愿讲实情的客户将其底细透露出来,从而获得更多的信息,合理运用激将成交法,还能督促客户进行肯定回答,减少客户异议,缩短整个成交阶段的时间。当然销售人员也要注意言辞不能过于尖刻,不能逼迫客户。

假设成交法

【方法解析】

假设成交法与直接成交法、二择一法类似,假定客户已经决定办卡,通过逐步深入地提问,让客户不得不做出反应,提高营销效率。对于依赖性强、性格较为随和的客户,适合采用假设成交法进行提问。

【话术示例 1】

销售人员:"您的身份证带了吗,我给一起拍张照吧!"

客户:"嗯嗯,好的。"

【话术示例 2】

销售人员:"我们办理手续是很简单的,您的名片带了吗?"

客户:"带了,但是我还想问一下这个卡后续怎么提额?"

【话术点评】

销售人员提问是否携带办卡所需的身份证和名片,是在假定客户未提出明确的异议,已经比较满意卡产品的前提下。如果客户继续提出异议,销售人员需保持镇定,态度诚恳地进行说明解答。

紧迫法

【方法解析】

当客户觉得反正今天办卡和明天办卡没什么区别,那就拖一拖,以后再说,或者是对于不能果断做出决策的客户,销售人员可以给客户施加一定压力,使其产生紧迫感。

【话术示例】

销售人员:"我们信用卡最近搞活动,××日期之前办卡送小礼品,礼品丰富但是有限,先到先得,您赶紧办了,很快礼品就要送完了,活动也要取消,到时候可就后悔了,这张申请表先填一下吧?"

客户:"那你们后续就没有送礼活动了吗?"

销售人员:"有肯定是有的,但是送的礼品就不一定会是今天给您看到的这个您又喜欢而且实用的小礼品了。"

【话术点评】

销售人员可以利用活动时间有限、礼品有限的说辞来营造一种紧迫感,刺激客户,让其觉得如果不把握住这个机会,就会造成极大的遗憾,紧迫感也就因此而产生了,客户就会自然而然地做出成交的决定。

推荐尝试法

【方法解析】

当销售人员详细为客户解释产品后,客户仍表现出对产品缺乏信心时,销售人员可说服其不妨尝试用用。

【话术示例】

销售人员:“先生,我知道您平时没有用信用卡提前消费的习惯,但谁没有手头缺现金的时候呀,您可以先尝试办张我们行的普通信用卡,免年费,以备现金短缺,后续有问题可以随时联系我。”

【话术点评】

当客户比较保守,不太喜欢接受新事物或者对于信用卡没有需求时,销售人员可以邀请客户进行尝试,并强调这不会给客户带来任何麻烦,而是带来便利,后续有用卡问题还能随时得到解决,让客户获得更好的体验,增强推销力度。

欲擒故纵法

【方法解析】

在销售的过程中,如果一味地急于求成游说客户办卡,无疑会让其产生抵触情绪,你说好,他偏偏认为不好。销售人员可以采用欲擒故纵法,先暂时对客户淡漠一点,解除他们的警惕,表现出一种“办不办由你决定”的态度,或者假装自己时间有限还有其他客户等待拜访。这种方法同样适用于虽然对卡产品有兴趣但优柔寡断的客户,制造出一种紧迫感,促使客户尽快做出决定。

【话术示例】

销售人员："先生，关于这张卡的特点及权益我已经详细给您介绍了，您看您是继续再考虑呢，还是现在就填申请表？我这边还有几个预约的客户，也是来办理这款卡产品的，您如果不办我就去另外一个客户的单位了，您现在要是还有什么不明白的地方，我再简单讲一下。"

客户："这样啊，那我现在就办了吧。"

【话术点评】

销售人员在这种场景下没有向客户表现一种"志在必得"的感觉，而是摆出事实条件"有其他客户在等我"，表现出一种"不强求成交"的宽松心态，这样可以使客户产生不能成交的惜失心理，从而主动要求成交。

快刀斩乱麻法

【方法解析】

有些客户来回纠结要不要办卡，很长时间都没有给予答复。若销售人员做过多种尝试后仍然不能打动对方，应果断做出最后决断，向客户发出"最后通牒"，直接要求其填申请表。

【话术示例】

销售人员:“我行这款信用卡产品,在当前市场上绝对算最好的产品之一,过了这个村,可没这个店了,刚好我今天来拜访,更方便您申请,现在您就做个决定吧,如果您没有异议就在这张表上填一下申请信息吧。”

客户:“那好吧。”/“不,目前我还不想办这张卡。”

【话术点评】

当销售人员使用稍微强硬一点的语气最后等待客户回复,并指出需要客户填写的地方,客户就会意识到这是需要最后做决定的时刻了。无论他的决定是什么,销售人员都解放了,终结了没有定论、浪费时间的销售,要么成功办卡,要么开始联系新客户,发展新业务。

示弱法

【方法解析】

示弱法并不是真弱,而是顺着客户的思路,用一种迂回曲折的方法来“俘虏”对方的心,是一种扬他人之长,揭自己之短的语言技巧。目的是使交易重心不偏不倚,使对方获得一种心理上的满足感和虚荣心,甚至是利用客户的同理心说服其办卡，从而达到自己高效的销售目的。

【话术示例1】

销售人员："李总，我行这款白金卡绝对适合您，但我的能力有限，可能没有说清楚给您带来的好处和权益，没办法说服您，我相信您对这款产品一定有比我更深的认识。"

【话术示例2】

销售人员："王先生，我们确实有信用卡业绩的任务在身，大家都这么熟了，还请您支持我一下。"

【话术点评】

销售人员有时会遇到一些不论在产品知识，还是社会阅历上，都高出自己一截的优质高端客户，这时可以适当示弱，表示是自己没有能力说服客户，既恭维了客户又满足了其挑剔心理，或者是可以利用有业绩压力在身的说辞让自己获得同情和支持。

行动练习

1. 学会观察：营销推广时注意观察客户的行为表现。
2. 当客户说"我想要考虑考虑"的时候，你该怎么回应？

把握成交时机的注意事项

在销售人员捕捉到成交时机时，需注意以下几个方面的细节问题。

不要给客户太多的选择机会和思考时间。客户面临太多选择反而会犹豫不决，拿不定主意，最好在两个机会下比较销售，做出决定。客户思考的时间越长，其顾虑也越多，越不利于最后促成。

不要有不愉快的中断。在时间有限的营销沟通中，如果有不愉快的中断，可能会失去先机。

不要节外生枝，应围绕主题。销售人员在说服客户办卡的过程中可以就其他话题与客户拉近关系，建立信任，但应围绕营销信用卡的主题。

反复强调优点和客户办卡后能得到的权益。利益是销售的前提，在销售的同时让客户感受到利益的存在是必不可少的，所以销售人员应向客户反复强调满足客户需求的权益，吸引客户。

强调当前的市场活动和优惠时期。信用卡市场活动的截止日期是引起客户敏感的因素之一，销售人员反复强调可以引起客户的一种紧迫感，快速促成成交。

让客户相信办卡决定是非常正确的。销售人员在营销过程中要让客户相信办卡并不是一种买卖行为，而是能给客户带来利益，而非带来成本的行为。

案例：销售人员小张在一家企业的办公室陌拜时，突然遭遇经理的呵斥，小张观察到对方手上的车钥匙后，赶紧递上名片解释："经理您好，我是××银行的客户经理，现在我们银行特别针对像你们这样的优质大企业进行推广，您有车吧？"

得到她的肯定回答后，小张接下来便重点介绍了车主卡的卖点和市场活动，这时，经理突然问："要年费吗？"

小张一听感觉有希望了，接着着重强调了年费政策。但是客户却提出质疑："当时办××银行的车主卡时，客户经理也是说免年费，结果后来还是扣我××元年费，我怎么相信你？"

小张通过银行的信用卡 APP 和微信公众号向客户证实，并提出可以去会议室，既方便办理又不影响其他员工工作。

最后小张成功收获了一位领导客户，并且其他办公室员工都陆续来到会议室咨询办卡，小张这一天的收获颇丰。

★案例中，小张在遭到客户打断的情况下，先通过察言观色了解客户基本特征，再针对性地营销，并通过客户提问及时判断出促成的可能性，不慌不忙，利用假设成交法邀请客户到会议室办卡，让客户无法抗拒。

销售后续篇

第十章

客户维护

信用卡营销的成功结束并不意味着客户关系的结束，在后续环节销售人员需要与客户保持联系，以确保他们获得良好的服务体验，提高他们的满意度。获取一位客户是需要花费一定成本的，但是如果能把这位客户变成再销售和推荐的可靠资源，无疑会更加有利于销售工作的顺利进行，因此与每一个客户建立良好的客情关系非常重要。

如何进行客户关怀

客户关怀是用来维系客户关系的重要方式,保持不断联络,让他记住你,并成为朋友,有助于建立良好的关系。日常的回访、节日的真诚问候都会打动客户,销售人员通常可以通过以下几个方面与客户进行情感交流和关怀。

从个人情况入手。销售人员可以记住客户的生日、纪念日、重要节日,在特殊日子进行微信或短信的节日问候和生日祝福。也可以个人兴趣爱好为切入点,在日常增进交流,获取客户信任,搭建与客户长期沟通的渠道,一回生,二回熟,通过多次的沟通联系逐步与客户建立朋友关系。

从企业情况入手。销售人员在推广营销时,会获知客户的所在单位,因此在日常可以通过传媒、新闻、网络等渠道收集企业的信息,包括企业的近况、发展历史,与客户进行攀谈,特别是对于企业管理层客户,可借此开启话题,熟络关系。

从询问开卡、用卡、近期活动情况入手。办卡之后,销售人员可以主动询问客户开卡、用卡情况,告知信用卡优惠活动,通过后续的追踪服务、与客户积极的互动来提升客户体验。当客户收到你的短信或电话询问产品使用是否顺利的时候,会让他们感觉到自己是有价值的、重要的,可以让他们更忠诚于你的卡产品,也更倾向于把你的产品推荐给自己的朋友。

询问开卡情况

【方法解析】

促激活是销售人员不可忽视的一个重要环节,如果在营销很久之后再花时间集中来进行,不利于长期业务的开展。销售人员需要在客户拿到卡片后快速营销到位,给客户一个自己主动开卡的理由,协助客户激活,这就要求销售人员对客户的信息记录和管理需到位。

【话术示例1】

销售人员:“先生,我是之前给您办卡的某某,请问您收到信用卡之后开卡了吗?”

客户:“已经开卡了。”

销售人员:“那就好,从下月一号开始持我行信用卡每周五在指定电影院有9元观影活动,我记得您喜欢看电影,刚好可以满足您的需求。”

【话术示例2】

客户:“没有开卡。”

销售人员:“请问您是因为什么原因没有开卡呢?”

“开卡非常简单方便,您只需要……不会带来任何麻烦,而且最近持我行信用卡有丰富的市场活动，您开卡后就可以享受……权益了。”

“您可能不知道，银行对于我们销售人员不仅考核业绩量，还考核激活率，您成功激活卡对我很重要。”

【话术点评】

销售人员向客户询问是否已经开卡，如果已开卡，可以顺水推舟介绍最新市场活动。如果还未开卡，可以先了解原因后进行针对性的回答，再强调开卡是简单的事情，不会带来负担，并且是对客户有利的事情，可以享受相应权益。另外销售人员也可以打感情牌，强调客户开卡对销售人员很重要，可能影响到其考核成绩。

询问用卡情况

【方法解析】

客户开卡后如果没有使用信用卡，无疑是一种资源浪费，销售人员可以积极宣传和引导客户用卡，让客户更多地使用信用卡的各种功能，让客户懂得利用信用卡的作用给自己带来便利与实惠。

【话术示例1】

销售人员："先生，请问您办理我行信用卡后有没有使用过呢，最近一次使用是什么时候？"

客户："用过。"

销售人员："那就好，从明天开始持我行信用卡每周五在指定美食餐馆享五折优惠，活动名额有限，先到先得哦。"

【话术示例2】

客户："没用过。"

销售人员："请问您是出于什么原因而没有刷卡呢？"/"最近我行信用卡的市场活动众多，您可以根据您的需求进行选择，超市购物返刷卡金、加油5%返送、积分抵现、观影折扣等，总有一款适合您，而且只要您线下刷任意金额一笔就可以获得我行赠送的刷卡礼，非常实惠。"

【话术点评】

销售人员向客户询问是否已经用卡，如果已经用卡，可以介绍最新市场活动邀请客户体验。如果还未进行刷卡，先了解原因帮助解决问题，再强调用卡是对客户有利的事情，可以获得一些怎样的利益（活动或功能，按需选择），强调刷卡的便利性，对客户无负担，促使客户用卡。

告知近期活动

【方法解析】

客户往往不一定能第一时间获悉银行推行的各种市场营销活动，此时销售人员需要尽早对老客户予以提醒，多从客户的角度出发，介绍银行的活动，让客户享受到实惠，体验到优质服务。

【话术示例 1】

销售人员：“请问您是否知晓我行近期的信用卡活动?”

客户：“知道，是观影享受 5 折后再减 10 元吗?”

销售人员：“对的，本次活动持续 3 个月，到 6 月底结束，机会难得，比我们平常观影便宜好多呢，特别邀请您体验。”

【话术示例 2】

客户：“不知道。”

销售人员：“是这样的，持我行信用卡在指定商户门店刷卡消费指定金额或产品，即可尊享 5 折优惠，每人每月最多可享 2 次优惠权益，活动持续到×月×日截止，商户涵盖了……众多场所，更有很多意想不到的惊喜等着您。”

【话术点评】

销售人员向客户询问是否知晓近期活动，如果客户知道，可以邀请其体验。如果客户不知道，销售人员可以先介绍活动，再强调这是对客户有利的事情，可以享受哪些方面的利益，并且强调活动具有时效性。

案例：小陈在所在的信用卡销售团队中业绩一直遥遥领先，她的诀窍就是做好客户维护，老客户都非常愿意帮助转介。有同事问道："怎样进行客户维护，才能收到很好的回应呢？"

小陈有一套自己的办法：她总是定期联络客户，在客户递交申请后及时告知客户卡片的审核进度，提醒客户注意接听信审电话。拿到卡片后，帮助客户激活卡片并告知获取开卡礼品的刷卡注意事项。后期客户开卡后，定期告诉客户特定时间内的市场活动。遇到营销不彻底或者营销效果不佳的企业，小陈更是多次进行回访，顺便还会问问客户有什么问题和需求，让客户感受到关怀，因此客户后续都非常愿意介绍身边的亲友办卡。

行动练习

1. 在销售结束时，与客户互留联系方式，牢记客户姓名。

2. 给之前的客户打电话，咨询客户使用卡产品后的体验和效果，或者现在不再使用卡产品的原因，进而满足他们的诉求。

客户维护的小技巧

主动将名片给客户。在营销结束时，销售人员应留下名片给客户，既是以示尊重，也是方便客户在今后遇到问题时能够想到自己并进行联系，建立沟通的桥梁。

用心留意并收集客户信息，建立客户档案。销售人员在与客户的交流过程中，除了收集客户的兴趣点和需求点，还可以根据客户的特点，对客户的个人信息和所在公司及行业信息进行整理。更加方便今后的接触联系，也能创造与客户的谈资。

制定与客户定期沟通和回访的计划。在归类整理客户的档案信息后，销售人员需要知道什么时候该给哪些客户发短信、打电话，并以怎样的频率与他们保持联系，然后选择合适的方式让他们感受到你的关心。

积极协助客户解决问题。客户在后续用卡过程中可能会遇到各种问题,遇到客户咨询或异议,销售人员应当主动帮助客户解决问题,处理纠纷,而不是选择逃避,因为当客户主动找到销售人员时,就是创造良好关系进而让其转介绍的好机会。

案例:平日里,对于客户的咨询客户经理小陈都能做到立刻回应、耐心解答,赢得了客户信任。一次,一位老客户持卡出国消费后,因为未开通外币自动转换成人民币入账,境外消费必须至柜台还款,而客户对此并不知情,而且此时账单已产生延误,客户对此表示极大的不满。小陈在了解情况后,亲自到客户单位向其解释该情况,并主动开车带客户至网点柜台帮助其还款。客户很感动,事后亲自带着小陈到单位的办公室,向其他同事推荐办卡。

★小陈做好客户转介营销的核心就是把老客户变成她的朋友,提升客户满意度。在日常的营销过程中,销售人员不仅要在前端要做好新客户的开发,更要注重后续老客户的维护。在开发客户的同时,其实只需要花少量的时间去维护老客户,就能得到他们的信任,让转介工作更加顺利。

第十一章

转介绍技巧

转介绍营销主要是基于老客户与潜在客户之间的关系进行信用卡推广，具有可信度强、客户价值高、销售成功率高等特点，是一种非常实用的优质客户拓展手段，其成功的关键在于让客户有意愿成为转介绍人。因此，在日常工作中，销售人员可以多尝试使用转介绍的方法，让你的客户成为你的“编外营销员”，为你介绍和推荐优质客户。

转介绍时机

在很多情况下,除非我们主动提出来,一般客户是不会主动为销售人员做转介绍的,那么应该在什么时候、什么情况下比较合适提出让客户转介绍呢?在对客户进行维护之后,此时得到了客户信任,其防备心降低,容易被说服和打动,接下来就可以抓住机会适时地运用各种技巧请求客户帮忙转介绍。

促成后:销售人员在向客户成功营销信用卡后,是请客户帮忙转介绍、提供转介绍名单的好时机。这时客户对产品信息较为了解,也较容易想起身边特定的合适人选,销售人员可以请其帮忙推荐跟他有共同需求的朋友。

【话术示例】

销售人员:"您加我微信吧,后续办卡进度我会及时告知您,对了,能不能帮我问问您周围同事需不需要办卡?我可以上门为他们办理。"

回访时:销售人员的回访既是解决客户疑惑和问题的时机,又是增进交流从而促使客户转介绍的机会。回访时对客户进行关怀,增进信任,建立长久关系,客户也愿意帮助介绍潜在客户。

【话术示例】

销售人员:"陈先生,我行信用卡还款可以申请账单分期,分期期数和费率有多种选择,如果您需要的话我可以帮您办理,另外您在用卡过程中有什么问题欢迎随时咨询我。您周围同事、朋友如果有想要办卡的可以联系我,最近信用卡的市场活动很多,现在办理很实惠。"

促成失败时:并不是只有成功营销客户后才可以请求客户帮忙转介绍,客户拒绝办卡不是营销的结束,此时不妨换种方式让其推荐客户,让营销出现转机,销售人员虽然失去现有客户但是却可能挖掘到新客户。

【话术示例】

销售人员:"陈先生,不好意思今天占用了您的时间,如果以后有办卡需求可以联系我,对了,您能不能帮我问问您的同事是否有需要办卡呢,说不定这些权益他们很需要。"

在下一节中我们也会提到多种转介绍方法,可以适时地灵活运用到上述这些转介绍时机当中。

案例:小李是一家银行的销售人员,一次去一家工厂展业,待了半天无果后非常沮丧,正准备放弃,恰巧这时碰到一位女客户,在交谈中了解到她是一位优质客户。然而在介绍完卡产品并且一番软磨硬泡后，她仍没有表现出办卡的意愿。

但小李观察到这位女客户性格比较活泼，应该在单位里有不错的人缘，小李转念一想，何不换个方式，让她给自己做宣传呢？于是将自己的名片递给她，请求帮忙："感谢您听我介绍这么久，您性格这么好，能不能帮我问一下您同事有没有办卡需求？"女士欣然答应后带他来到办公室将其他同事介绍给小李。

★小李在展业的过程中虽然遇阻，但是没有忽略掉任何一个客户的潜在价值，他将自己名片留下，让没有营销成功的客户帮忙转介绍其他客户，或许会"柳暗花明又一村"。

如何让客户转介绍

有的销售人员总是不好意思让客户转介绍，害怕被拒绝，或者怕给客户带来不必要的麻烦，但其实在和客户建立了非常良好的关系的前提下，再运用适当的技巧提出转介绍要求，很容易打动客户把自己的朋友、同事等介绍给我们。当然在使用转介绍方法时，也要具体情况具体对待，尽可能让有市场、有影响力、意愿型客户为我们转介绍。

转介绍方法

利诱法

【方法解析】

转介绍意愿一般但是比较注重个人利益的回报型客户，他们希望推介能够获得礼品，或者会为了某个礼品而介绍客户，这在平常的营销中较为常见，销售人员可以选择适合的礼品，抓住其需求，晓之以“礼”，这样也有利于长期关系的维护。

【话术示例1】

销售人员：“先生，感谢您今天帮了我这么大的忙，您看能不能再推荐您的朋友办我们的卡，如果您推荐了一定人数，我们是有礼品赠送的，前阵子一个客户推荐了5位他的同事办卡，就获得了一个拉杆箱呢！”

【话术示例2】

销售人员：“这个月是我行周年庆的活动月，推荐未持卡亲友办卡达标，推荐人即可享积分、好礼超值换购，我相信您有很多朋友有办卡需求，可以介绍给我，可能会获得一个名牌包呢！”

【话术点评】

销售人员可以提及目前有哪些礼品回馈的活动，并可利用举例法，告知客户某某就是因为介绍了几位朋友办卡，得到了超值好礼，让其有具体目标可以努力帮忙转介绍。

赞美激将法

【方法解析】

大多数人对于赞美一般都比较受用，特别是针对爱出风头、注重价值认同的客户，销售人员应该多加赞扬，适当激将，利用这一特点先赞美客户再提出要求，营造客户办卡之后进行转介绍的满足感和成就感。

【话术示例 1】

销售人员："王先生，您对我的工作这么支持我真的很感激，像您这样热情又爽快的人，肯定人缘很好，周围朋友很多，能不能推荐几位同事或者朋友办我们的信用卡，有您的推荐，肯定有好多人都想办这张卡。"

【话术示例 2】

销售人员："王先生，您知道的，像我们做销售工作的每天要跟许多人见面，但事实上我只愿意和您这样的客户交谈，既不枯燥，又有收获。您能不能介绍几位跟您要好的，脾气性格差不多的，有办卡意向的朋友给我吗？"

【话术点评】

销售人员在向客户表达感谢之后，可以从性格、人缘、客户质量等方面赞美客户、抬高客户，让其感到愉悦，并通过"有您的推荐，一定……"这样的话术激将客户，让客户不得不说好。

专业的服务＋迂回的策略法

【方法解析】

此种方法是销售人员先利用周到的服务进行转介前的铺垫，得到客户的信任，让客户感到满意，然后再顺势婉转地提出请求，客户才会乐意提供帮助，这样可以避免过度营销，给客户造成一定压力而不敢帮忙转介客户。

【话术示例】

销售人员："王先生，今天占用了您不少时间，但我很高兴能成为您的朋友，如果在后续用卡方面有任何问题请联系我，这是我的名片。最近我们的活动特别丰富，办这张卡的人特别多，您肯定也想让您的朋友享受到实惠，能不能帮我引荐几位呢？"

【话术示例】

销售人员:"王先生,谢谢您成为我的客户,虽然现在越来越多的人使用信用卡,但还是有一些人排斥,觉得没必要、没需求,还会刺激他们过度消费。其实他们是不了解,心中有很多顾虑,不知道您身边的亲友同事中有没有这样子的,我十分愿意拜访他们,给他们进行详细介绍。"

【话术点评】

对于喜欢和亲朋好友分享经验的客户,销售人员应把握好时机,顺水推舟表示希望客户帮忙做口碑宣传。

直接请求法

【方法解析】

对于熟悉的客户或者未营销成功的客户,销售人员可以采用直接请求法,也就是对客户勇敢开口,告知目前有开发新客户的需求请其帮忙。注意不要表现得让客户觉得他是在帮你完成任务,而是想着能把一些好的卡产品和服务带给他的亲朋好友。

【话术示例 1】

销售人员:"王先生,不知道您的亲戚和朋友中有没有想办我行信用卡的？有没有稳定收入和工作的？能不能提供两个名字和联系方式给我？”

【话术示例2】

销售人员：“王先生，您是我一个非常重要的客户，因此我有一件非常重要的事情想讨教……顺便问一下，在您的亲戚朋友中还有谁想办信用卡的？可不可以介绍两位给我认识呢？”

【话术示例3】

销售人员：“王先生，今天占用了您不少时间，我很高兴能成为您的朋友，您对我的服务还有什么要求呢？王先生，一般当你信任一个人，或满意公司产品的时候，你会怎么做？您会不会介绍给自己的熟人？您能不能帮我引荐两位呢？”

【话术示例4】

销售人员：“王先生，非常感谢您给我机会介绍我们的卡产品，虽然您暂时不办卡，但是我想您应该不会介意让您身边有需要的朋友办卡，您可不可以推荐一下，让我去跟他们介绍？”

【话术点评】

销售人员开门见山请求转介绍时可以顺便运用"有无稳定工作和收入、是否经常出差"等诸如此类的问题引导客户思考潜在目标客户名单,帮助其筛选客户,明确告诉转介客户的特性。

拒绝处理话术

不是所有客户都愿意帮忙转介绍,如果客户婉拒转介绍,不管是由于嫌麻烦还是出于其他担忧,此时销售人员应当有礼应对,先表示理解,再进一步表示诚意,打消客户顾虑。或者从客户认可的角度出发,使客户相信转介绍能给被推荐人带来利益。当然切不可强求行事,给客户太大压力。

【话术示例 1】

客户:"这样不太好吧,大家都是陌生人,如果他们要办卡,我会告诉你的。"

销售人员:"我非常理解你的顾虑,其实我只是想把公司最新的信息及时提供给您的朋友,让您的朋友更多地了解信息,以便他们能够更好地选择,办不办没有关系,我也不会打扰到他们。"/"可能我冒昧跟他们联系会有点唐突,不如您事先给您朋友打个招呼也行。"

——强调你需要的只是客户介绍几个潜在客户给你认识,而不是一定要促成办卡,不会形成骚扰,或者可以经过被转介客户的同意。

【话术示例 2】

客户:“还是不太好吧,我朋友已经有其他行的信用卡了,不一定认同贵行的卡产品。”

销售人员:“没关系,您觉得您办理的我行信用卡怎么样?是不是满足了您的需求,给您带来很多权益?俗话说得好,好东西要和好朋友一起分享,这么好的信用卡,您肯定希望您朋友也可以拥有吧。”

——强调只是提供一个了解卡产品的机会。

成功要求转介绍后的处理技巧

销售人员成功说服客户进行转介绍后一定要注意再一次感谢客户对你的信赖以及对你工作的支持和帮助,不管后续营销被推荐人能否成功。

在获取转介绍人推荐的潜在客户信息之后,销售人员可以以电话销售或亲自拜访等方式进行潜在客户营销。这时可以采用电话预约、适当赞美、进入销售主题、再次要求转介绍的策略进行营销。

【话术示例】

销售人员:“我是××银行信用卡中心的客户经理,您的朋友××最近办了我们银行的××信用卡,用卡体验特别好,所以推荐我来认识您。”

以自报家门、他人引荐的方法作为开场白,可以有效降低客户的防备心理。

行动练习

1. 整理自己的微信好友中过往客户的名单,为他们建立一个微信群,看看自己是否还记得他们。

2. 整理记录客户信息,区分刚办卡的客户和办卡有一段时间的客户,对新客户和好久不联系的客户进行问候。

3. 了解卡产品最新的市场活动。

4. 尝试用本章所介绍的方法让老客户进行转介绍,你会选择哪种方法?怎样设计话术?